国家出版基金项目
NATIONAL PUBLICATION FOUNDATION

"中国共产党与中国之治"丛书

中国新型政党制度与政治文明新形态

张献生　著

中国人民大学出版社
·北京·

目　　录

导　言

2021年7月1日，是中国共产党、中华民族历史上一个重要的日子。北京天安门广场隆重举行庆典，庆祝中国共产党成立100周年。

在这个重要的历史时刻，在举世瞩目的天安门城楼上，中国国民党革命委员会中央主席万鄂湘代表各民主党派、工商联和无党派人士，宣读致中国共产党的联合贺词。

贺词总结了中国共产党百年奋斗取得的重大成就。“伟大的中国共产党于民族生死存亡之际挺身而出，团结带领全国各族人民彻底推翻‘三座大山’，取得新民主主义革命的胜利，建立中华人民共和国，中国人民历史上第一次成为自己国家的主人，中国人民从此站起来了”；“伟大的中国共产党于国家一穷二白之时艰辛探索，领导人民走上社会主义道路，确立了社会主义基本制度，逐步建立了独立完整的工业体系和国民经济体系，积累了社会主义建设的重要经验”；“伟大的中国共产党于重大历史关头开启伟大创举，作出改革开放的历史性决策，开创、坚持、发展了中国特色社会主义，团结带领全国各族人民创造了从百业待兴到世界第二大经济体的发展奇迹”；“伟大的中国共产党于中国特色社会主义新时代砥砺奋进，以习近平同志为核心的中共中央始终坚持人民至上，统筹中华民族伟大复兴战略全局和世界百年未有之大变局，引领国家立足新发展阶段、贯彻新发展理念、构建新发展格局，坚定不移走高质量发展之路，坚决维护国家主权、安全、发展利益，积极推动构建新型国际关系和人类命运共同体，党和国家事业取得历史性成就、发生历史性变革”。

贺词回顾了 70 多年前各民主党派和无党派人士自愿接受中国共产党领导的共同选择，明确在新时代作为中国特色社会主义事业亲历者、实践者、维护者、捍卫者的政治责任，表达了为夺取全面建设社会主义现代化国家新胜利、实现中华民族伟大复兴的中国梦作出新的更大贡献的坚定决心，昭示了不忘合作初心，始终同中国共产党想在一起、站在一起、干在一起，做中国共产党的好参谋、好帮手、好同事的坚定信念。

这是一个重要的历史瞬间，也是一个永恒的历史见证。它生动体现了中国共产党同各民主党派、无党派人士 70 多年来风雨同舟、荣辱与共的亲密关系，充分彰显了中国新型政党制度铸就的政党和谐，与西方多党竞争制度中政党势不两立、互相倾轧导致政治极化、暴力冲突形成了鲜明对照。

就在同年 1 月，美国共和党 2020 年总统候选人特朗普为了阻止竞争对手民主党总统候选人拜登当选，策划鼓动示威的暴乱分子，冲击美国国会大厦，试图推翻大选结果。暴力示威者掀翻桌子，撕毁了挂在墙壁上的照片，搬走了众议院议长的讲台，打碎了国家雕像大厅的玻璃窗，并用灭火器攻击国会警察，还发生了枪击事件。美国副总统彭斯调动了 1 100 多名美国国民警卫队成员，他们与警察使用催泪瓦斯与闪光弹等进行清场，最终平息了这场暴力事件。

中国共产党同各民主党派、无党派人士团结合作、携手共进的和谐关系，是坚持中国共产党领导的多党合作和政治协商制度的必然结果，也是中国新型政党制度创造的多党合作的人类社会政治文明新形态的重要体现。

中国共产党同各民主党派、无党派人士的多党合作源于新民主主义革命时期。1949 年，随着中国人民政治协商会议的召开，中华人民共和国的成立，中国共产党领导的多党合作和政治协商制度——中国新型政党制度形成和确立起来。70 多年来，中国新型政党制度没有像苏联的政党合作那样初始即挫，也没有像东欧社会主义国家的多党合作那样中途夭折，而是历曲折而愈奋，经风雨而弥坚，成为世界上最长存在的合作性政党制度，展现了旺盛的生命力；没有出现西方竞争性政党制度囿于党派利益、阶级利益、区域和集团利益互相倾轧、恶性竞争，导致社会撕裂、政治动荡、行政效率低下等弊端，而是一党领导与多党合作有机结合，为实现中国特色社会主义共同事业同心协力、团结奋斗，形成了巨大的凝聚力。作为国家基本政治制度，中国新型政党制度在由新民主主义向社会主义转变、实行改革开放和社会主义现代化建设、新时代坚持和发展中国特色社会主义的过程中，为保持政治稳定、经济快速发展、增强社会和谐、促进国家统一、实现民族振兴，提供了强劲的推动力；作为社会主义民主政治的重要体现，深深嵌入全过程人民民主之中，充分发挥了政治参与、利益表达、社会整合、民主监督、维护稳定等重要功能，在坚持党的领导、人民当家作主、依法治国有机统一中，激发了无比的创造力。完全可以说，中国共产党领导人民浴血奋战、百折不挠创造的新民主主义革命的伟大成就，自力更生、发愤图强创造的社会主义革命和建设的伟大成就，解放思想、锐意进取创造的改革开放和社会主义现代化建设的伟大成就，自信自强、守正创新创造的新时代中国特色社会主义的伟大成就，都不可分割地与中国共产党领导的多党合作和政治协商制度联系在一起。

但是，一个时期以来，这一新型政党制度却“养在深闺人未识”，政党团结合作、携手共进的政治文明新形态并不被世人所理解。国内有些人不了解中国各民主党派的历史渊源和现实作用，不了解中国新型政党制度的特色优势：中国民主建国会（简称民建）被有的人当作民营建筑公司；20 世纪 80 年代，中国国民党革命委员会基层组织召开会议，被当地居委会大妈到派出所举报；有些人盲目崇拜西方政党制度，认为多党竞争、轮流执政才是现代民主，具有“普世价值”。

国外不少人对中国共产党领导的多党合作和政治协商制度，特别是多党合作作为政治文明新形态难以理解，不清楚中国为什么没有反对党，各民主党派为什么不是反对党。有的对中国民主党派的组织独立性表示怀疑，认为民主党派既然承认接受中国共产党领导，又宣称自己具有组织独立性，这是自相矛盾的；有的干脆把民主党派说成是没有什么实际作用的“政治花瓶”。西方学者论及政党制度时，对中国新型政党制度往往予以“忽略”。无论是政党制度类型划分，还是政党制度功能作用阐释，基本上没有涉及中国新型政党制度，而往往将中国政党制度与苏联的归为一类，甚至肆意歪曲为“一党专政”“一党极权”“威权主义”，排除在民主制度之外，从而使中国共产党领导的多党合作和政治协商制度长期存在于西方民主政治的范畴之外、世界不少国家的政治制度视野之外。

然而，随着中国共产党领导的多党合作和政治协商制度的实践发展，及其在国家政治、经济、社会生活中优势和作用的发挥，这一政治文明新形态逐渐被世界上越来越多的国家和人们所认识、理解和向往。1999 年，中国民主促进会中央主席、全国人大常委会副委员长许嘉璐率人大代表团访问坦桑尼亚、乌干达、纳米比亚、津巴布韦、博茨瓦纳等非洲国家，向它们的领导人介绍中国新型政党制度。它们的执政党领导人听了说，如果我国的在野党像你们中国的民主党派那样就好了；在野党领导人听了则说，如果我国的执政党像中国共产党那样对待我们就好了。他们都不约而同地对中国新型政党制度表示赞赏。西方一些学者对中国共产党领导的多党合作和政治协商制度也作出了客观评价。2005 年，美国学者史蒂芬・安格尔在题为《我们必须选择自己的领导人吗？——中国的人权与政治参与》的文章中认为，当今中国一种改革了的民主集中制形式而不是竞争性的多党民主制，能够扩大公民的政治参与权利。中欧数字协会主席鲁乙己认为："中国政治制度的突出优势在于，中国共产党能够团结其他政党，在共同协商的基础上制定出务实而长远的发展规划，并且一道为实现远大目标而奋斗。这在世界上其他国家是很少见的。"

鞋子合不合适，只有脚知道。中国的新型政党制度作为不同于西方竞争性政党制度的政治文明新形态，是否具有优越性和生命力，作为多党合作主体和亲历者的中国各民主党派最清楚。2008 年 3 月，全国政协十一届一次会议召开期间，各民主党派中央负责人公开接受中外记者采访。"美国之音"记者提问："参政党地位是永久性的不可变更的吗？为什么？"中国民主建国会中央主席陈昌智回答说：中国共产党执政，民主党派参政，是由历史特殊的条件、由一个国家的国情、由一个国家的性质所决定的。有人说共产党现在掌权了，你们只能接受共产党的领导。我说不对，新中国成立以前国民党掌权的时候，我们并没有去接受国民党的领导。新中国成立以后，我们各民主党派亲眼所见，现在可以说世界人民所见，只有共产党才能领导这个国家。除此之外，没有一种政治力量可以担负起这个让中国繁荣昌盛、让中国人民富裕生活的历史任务。

2013 年 3 月，全国政协十二届一次会议举行记者会，新一届民主党派中央主席回答中外记者提问。《纽约时报》记者提问说："我们知道作为民主党派，你们的职责是提出建议，但是你们是否希望有朝一日也能参与多党竞选?”中国国民党革命委员会中央主席万鄂湘回答说：中国不是没搞过多党制，民国初年中国的政党最多的时候有300多个，结果是政党恶斗、军阀混战，国家四分五裂。这种政党制度（中国新型政党制度）和我们经济成长之间的因果关系谁也不能否认。如果我们按那种政党制度发展的话，中国不可能取得今天这么辉煌的经济成就。中国已经把中国共产党领导的多党合作和政治协商制度写进了宪法，我们按照这种政党制度跟执政党经过几十年的合作，已经尝到了这种政党制度的甜头。我们没有必要去改变我们目前的这种政党制度，也相信这种政党制度在今后中国经济发展中还会发挥非常重要的政治作用。

2018年3月，习近平总书记与参加全国政协十三届一次会议的民盟、致公党、无党派人士、侨联界委员座谈听取意见时，对中国新型政党制度作了系统的深刻论述，并从政治文明新形态高度作了理论概括。首次明确提出：“中国共产党领导的多党合作和政治协商制度作为我国一项基本政治制度，是中国共产党、中国人民和各民主党派、无党派人士的伟大政治创造，是从中国土壤中生长出来的新型政党制度。”并指出，中国新型政党制度“新就新在它是马克思主义政党理论同中国实际相结合的产物，能够真实、广泛、持久代表和实现最广大人民根本利益、全国各族各界根本利益，有效避免了旧式政党制度代表少数人、少数利益集团的弊端；新就新在它把各个政党和无党派人士紧密团结起来、为着共同目标而奋斗，有效避免了一党缺乏监督或者多党轮流坐庄、恶性竞争的弊端；新就新在它通过制度化、程序化、规范化的安排集中各种意见和建议、推动决策科学化民主化，有效避免了旧式政党制度囿于党派利益、阶级利益、区域和集团利益决策施政导致社会撕裂的弊端”，还强调“它不仅符合当代中国实际，而且符合中华民族一贯倡导的天下为公、兼容并蓄、求同存异等优秀传统文化，是对人类政治文明的重大贡献”。

2018 年，习近平总书记关于新型政党制度的重要论述，在世界上引起热烈反响，许多国家政要和专家学者对体现政治文明新形态的合作性政党制度普遍给予高度评价。俄罗斯智库学者指出，中国新型政党制度既坚持中国共产党的核心领导作用，同时又高度重视其他政治力量作为中国共产党的参谋和助手作用，这一方面有利于高效办事，同时也能充分发扬民主决策，是一套新型的政党政治运作体系。美国智库学者认为，中国改革开放取得了举世瞩目的成就，保持了经济高速增长，数亿人得以脱贫，事实已经证明了中国的政党制度的合理性和优越性。以色列利库德集团政治局委员夏扬指出，中国新型政党制度的成功为许多深陷动乱的中东国家提供了“新思路”，有助于建立良好政党关系，让国家尽快走上稳定和发展之路。坦桑尼亚革命党副总书记姆伯格罗、肯尼亚朱比利党全国副主席穆拉希、肯尼亚参议院财政和预算委员会主席马哈茂德等表示，中国新型政党制度以人民为宗旨，在不同党派之间找到了最大的共同点，充分照顾了最广大人民群众的根本利益，从根本上保证了国家政治稳定，形成建设国家的强大合力，体现出集中智慧力量办大事的制度优势。希腊帕潘德里欧基金会主席政治顾问弗佐普洛斯表示，中国的政党制度为世界政党制度的发展提供了另一种选择，政治协商制度创造了非执政的政党参加国家事务管理的独特方式，为世界政党制度的发展作出了独特贡献。英国社会学家阿尔布劳表示，中国共产党带领中国取得巨大发展成就的历史经验是独一无二的，应该更加理直气壮地向世界介绍自己的政党制度。

2021 年 6 月，国务院新闻办公室发布《中国新型政党制度》白皮书，全面回顾中国新型政党制度产生、发展和不断完善的历程，详尽介绍其进入新时代在理论、政策和实践创新方面取得的重要成果，充分展示了这一新型政党制度的基本特征、重要功能和在国家政治社会生活中彰显的独特优势作用，对习近平总书记关于中国新型政党制度“新在哪里”的重要论述作了全面诠释，有力昭示了在新的百年中国共产党和各民主党派坚定不移走中国特色社会主义政治发展道路，坚持、发展和完善中国新型政党制度的意志和决心。白皮书不仅指出中国新型政党制度是中国共产党、中国人民和各民主党派、无党派人士的伟大政治创造，“体现了中华优秀传统文化的精髓，反映了社会主义制度的本质要求，符合中国国情和国家治理需要”，而且强调它“为当代世界政党政治的发展贡献了中国智慧，也成为人类政治文明的新模式”。

中国共产党领导的多党合作和政治协商制度在 20 世纪 40

年代末破土而出，在人口规模巨大的东方大国存在发展 70 多年，在长期的革命、建设、改革的实践中发挥了不可替代的重要作用，在人类社会政治发展中独树一帜，必然具有历史必然性、现实合理性和旺盛生命力，必然在中国政治发展乃至世界政治文明建设中具有重要价值。那么，这个新型政党制度是如何确立的？它具有什么鲜明特质和独特优势？它在政治体制中是如何运行的？它在“中国之治”中起了什么作用？它对人类社会政治文明作出了什么贡献？真理不是理论演绎出来，而是蕴藏在历史发展的实践之中的。让我们沿着中国共产党与各民主党派、无党派人士的多党合作之路，从新型政党制度与中国政治经济社会发展的互动中，共同探寻和求索。

一、中国新型政党制度是如何确立的

确立和实行适合国情的政治制度和政党制度，对一个国家的发展和稳定具有极为重要的意义。1840 年鸦片战争后，中国逐步成为半殖民地半封建社会。中国政治发展改变和超越了几千年来循环往复的旧轨，开始了从传统到现代、从专制到民主的政治发展过程。在推翻帝国主义、封建主义的民主革命，建立新的国家制度的历史进程中，各种政治势力也开始了对中国政治制度和政党制度的探索。中国共产党立足中国国情，顺应历史潮流，把马克思主义基本原理特别是统一战线、政党理论与中国具体实际相结合，在领导人民进行新民主主义革命，实现由半殖民地半封建社会向建立人民民主专政的社会主义社会的历史跨越中，与各民主党派、无党派人士共同探索实践，不断总结升华，使中国共产党领导的多党合作和政治协商制度与新中国一起诞生，在 1949 年昂首屹立在世界的东方。

历史的教训和启示

在中国共产党成立之前，孙中山领导的辛亥革命就对中国政治制度和政党制度进行了探索。孙中山是中国革命的先行者。19 世纪末，中国人民处在外国侵略者和腐朽的清政府双重压榨下，孙中山点燃了“倾覆满清，建立民国”的第一个火把，并于 1905 年建立了第一个具有现代意义的政党——中国同盟会。经过百折不挠的革命斗争，终于在 1912 年推翻了清政府统治，结束了两千多年封建王朝统治的历史。

辛亥革命胜利后，如何建立新的政治制度和政党制度？因为现代政党最早产生于英美等西方国家，并形成了以代议制为中心的议会政治制度和竞争性的两党或多党轮流执政的政党制度，所以，中国在反对封建主义的斗争中，首先和主要是从西方欧美国家获取思想武器。孙中山说，中国革命之目的，系欲建立共和政府，效法美国，除此之外，无论何项政体皆不宜于中国。1912 年 3 月，南京临时参议院通过《中华民国临时约法》，确立了主权在民的共和政体，规定国家政体为责任内阁制，内阁由议会产生，议会中占多数席位的政党有组阁的权利，规定在 10 个月内召集国会，制定宪法。

国会的设立，为政党活动提供了竞争舞台。组党结社成为一种时尚，一时风起云涌，政团林立，最多时达 300 多个，其中最大的是国民党、民主党、共和党、统一党，此外还有中华民国自由党、中华民国工党、中国社会党、五族共和党、大公党、清帮改进会、渔业统一党、政见商榷会、大同党等，中国出现了前所未有的政党林立现象。

1912年8月，袁世凯以临时大总统名义宣布临时参议院通过的《中华民国国会组织法》《参议院议员选举法》《众议院议员选举法》等法规，确定国会为两院制，参议员由省议会选举，众议员由各省分区复选产生。围绕1913年进行的第一届国会选举，各政党以争夺国会两院议席为目标，以实现组阁为目的，展开了激烈的竞选活动。为了竞选获胜，浮报选民人数、拉票冒投、抢票毁票、钱物贿选、威胁逼迫、拒绝投票等丑闻怪事层出不穷，竞选活动一片乌烟瘴气。1913年3月选举结束，以宋教仁为代表的一批人，使尽浑身解数，终使国民党获得两院议员总数45%以上，成为国会第一大党。但竞选获胜一个月后，宋教仁就被帝国主义支持下的袁世凯派人刺杀了，国民党组阁执政梦想破灭，也敲响了多党竞争的丧钟。同年11月，袁世凯下令解散国民党，取消国民党议员资格。1914年1月，国会被袁世凯强制取消，各省议会也先后解散，那些各种各样的议会政党也随之烟消云散，中国政治从此陷入严重动荡局面。自1912年唐绍仪组建第一届内阁开始，到1928年止，16年间十易国家元首，组阁45届，总理更迭59人次，任期最长者不超过一年，最短者不到一天。时人哀叹“无量金钱无量血，可怜购得假共和”。

民国初年仿效西方搞多党议会制，是对封建专制的彻底否定，是在中国建立现代民主制度的一次可贵尝试，在中国政治发展中具有重要意义，但结果却以失败而告终，中国民族资产阶级建立民主政治体制的理想也随之破灭。其失败的原因是多方面的，最主要的就是脱离了中国国情，偏离了近现代中国的政治发展方向。简言之，半殖民地半封建社会的经济基础，不允许代表中国民族资产阶级利益的各派政党产生并在中国政治舞台上发挥作用；中国民族资产阶级没有独立的经济地位，不可能形成资产阶级的多党政治；面对帝国主义、封建主义的强大敌人，多党竞争、内斗不已的竞争性政党制度缺乏生长的土壤，难以承担民主革命的重任，必然走向破产。因此，最初力倡英美多党政治的孙中山不得不改弦易辙，以俄为师，改组国民党，于1924年与中国共产党进行合作，才使国民党焕发新的生机，中国革命才开始出现新的转机。

中国国民党的前身是孙中山1905年建立的同盟会——由兴中会、华兴会、科学补习所和光复会等团体联合而成，以“驱除鞑虏，恢复中华，建立民国，平均地权”为纲领。辛亥革命后，同盟会联合统一共和党、国民公党、国民共进会、共和实进会等党派组成国民党，全力进行竞选活动，开展议会斗争，但在国会选举后不久就走向分裂。不满于国民党官僚政客化，沦落成个人争权夺利的工具，1914年，孙中山组建了中华革命党，规定“以实行民权、民生两主义为宗旨”“以扫除专制政治、建设完全民国为目的”。1919年，孙中山将中华革命党正式改组为中国国民党，以“巩固共和、实行三民主义”为宗旨。1924年，在共产国际和中国共产党的帮助下，孙中山对国民党进行改组，确立了“联俄、联共、扶助农工”的基本政策，重新解释三民主义，使之成为具有反帝反封建内容的新三民主义，并吸收大批中共党员及工人、农民、知识分子入党，由原来的资产阶级政党变成了包括工人、农民、城市小资产阶级和民族资产阶级在内的民主革命的联盟。

孙中山去世后，以蒋介石为代表的国民党新右派迅速崛起，并于1927年公开叛变革命，大肆屠杀共产党人，镇压工农运动。国共合作破裂后，蒋介石歪曲孙中山的“以党治国”思想和新三民主义理论，建立了国民党一党专政的政治模式。

1931年5月通过的《中华民国训政时期约法》再次规定训政时期由国民党全国代表大会“代表国民大会行使中央统治权”；国民党全国代表大会闭幕时，其职权由国民党中央执行委员会行使；国民政府主席、委员均由国民党中央执行委员会选任；国民政府总揽行政、立法、司法、考试、监察五种治权，选举、罢免、创制、复决四种政权，从而建立了国民党的一党专政。一党专政制度的核心，就是一个政党、一个主义、一个领袖。所谓一个政党，就是中国只有国民党是合法政党，其他政党都是非法存在的政党；所谓一个主义，就是蒋介石解释的三民主义，中国不能有第二个主义；所谓一个领袖，就是蒋介石。20世纪30年代，蒋介石独裁专制思想日盛，公开赞同和推行法西斯主义，疯狂迫害中国共产党、第三党及其他党派，并对中国共产党建立的革命根据地进行军事“围剿”。

日本帝国主义发动侵华战争后，面对国破家亡的民族矛盾和中华民族的前途命运，在中国共产党的倡议和推动下，1937年，国民党与中国共产党进行第二次合作，建立了抗日民族统一战线。这一时期，虽然蒋介石承认中国共产党等政党的合法地位，设立国民参政会，但其骨子里仍然“溶共、防共、限共、反共”，一党独裁体制并没有实质改变。蒋介石推行积极反共政策，设立“防共委员会”，颁布所谓《异党问题处理办法》和《限制异党活动办法》，打击破坏共产党和其他进步组织，并多次制造摩擦，掀起三次反共高潮，制造了震惊中外的“皖南事变”。1943年5月，国民党顽固派借共产国际宣布解散的机会，要求“解散共产党”“取消陕甘宁边区”。美国《星期晚报》豪塞尔评论说，“蒋氏大权独揽，其地位与昔日之帝王相同”，“称之为法西斯主义，未必完全不符”。

1945年，抗日战争胜利后，中国面临两种前途和命运。蒋介石拒不接受中国共产党提出的建立联合政府、和平建国的政治主张，不愿进行任何民主改革，继续维持国民党的一党专政。他不顾中国共产党和其他民主党派、无党派人士的强烈要求，顽固坚持独裁和反共内战的方针，公然撕毁政协协议，并悍然发动内战，企图消灭中国共产党等革命力量；颁布并实施《后方共产党处理办法》《特种刑事法庭组织条例》《戒严法》等一系列反动法令，任意逮捕、监禁、屠杀工人、学生和爱国民主人士。1946年，由国民党一党包办的“国民大会”召开，颁布了确立国民党一党专制政体的宪法。国民党这种自绝于人民的反动行为，天怒人怨，日益孤立，最终落了一个被赶出大陆、败退台湾的结果。

国民党一党专制独裁政体的建立，是20世纪前半期中国特定政治和社会环境的产物，也是中国专制主义传统政治文化影响的结果。而中国在半殖民地半封建的条件下，要实现民族独立和人民解放的革命任务，必须将国内各个阶级阶层的人民都动员起来，把散漫多元的社会政治势力容纳到政党和政治制度中来。蒋介石不能积极推进中国政治体制和政党制度顺应世界民主政治潮流，适应中国新民主主义革命的内在要求，而是顽固坚持大地主、大资产阶级的立场，不断巩固和强化专制独裁政体，压制各阶层人民的民主权利，极力排斥中国共产党等党派团体和爱国民主人士的政治参与，从而严重削弱了其政权的社会基础和合法性，严重阻碍了中国民主政治的进程，其失败就成为历史的必然。

仿效西方多党制的破产和一党专政的失败，充分说明在近现代中国政治发展中，多党竞争道路不通，一党专政也是死胡同，政党合作才是唯一出路。推翻帝国主义、封建主义和官僚资本主义的反动统治，建立人民民主专政，探索和创建与之相适应的合作性的新型政党制度，就落在中国共产党和各民主党派的肩上。

中国共产党的合作主张

中国共产党是1921年成立的。作为中国工人阶级的先锋队，同时是中国人民和中华民族的先锋队，中国共产党一成立，就把实现共产主义作为党的最高理想和最终目标，把为中国人民谋幸福、为中华民族谋复兴作为初心和使命，义无反顾地肩负起领导中国革命的重任。特别是中国共产党把马克思列宁主义基本原理与中国具体实际相结合，明确了近现代中国革命的性质、目标、任务、动力和道路，制定了正确的路线、方针和政策，为领导和团结全国人民取得新民主主义革命、社会主义革命和建设事业的胜利奠定了坚实基础，也为中国共产党实行政党合作，探索建立新型政党制度提供了正确指导。

毛泽东在《新民主主义论》中明确指出，中国现阶段革命的性质是新民主主义的革命，基本的革命的动力是无产阶级、农民阶级和城市小资产阶级。由于中国民族资产阶级受帝国主义压迫，能够参加反帝国主义和反封建军阀的斗争，在一定时期内应该同民族资产阶级建立统一战线，并尽可能地保持之。由于近代中国社会结构是“两头小、中间大”，即无产阶级和大地主大资产阶级都是少数，而介于两者之间的农民、城市小资产阶级、民族资产阶级的人数则是多数，中国共产党要实现革命目标，必须与广大农民结成联盟，争取团结民族资产阶级和城市小资产阶级，扩大革命阵营。这就为中国共产党如何在工农联盟的基础上团结民族资产阶级，与其他民主政党联合，奠定了坚实的理论基础。

中国共产党明确提出新中国的政治体制，奠定了新型政党制度的根基。毛泽东指出，“现在所要建立的中华民主共和国，只能是在无产阶级领导下的一切反帝反封建的人们联合专政的民主共和国，这就是新民主主义的共和国”。在《论人民民主专政》中，毛泽东进一步指出：“总结我们的经验，集中到一点，就是工人阶级（经过共产党）领导的以工农联盟为基础的人民民主专政。”人民民主专政的基础是工人阶级、农民阶级、城市小资产阶级、民族资产阶级的联盟，“这些阶级在工人阶级和共产党的领导之下，团结起来，组成自己的国家，选举自己的政府，向着帝国主义的走狗即地主阶级和官僚资产阶级以及代表这些阶级的国民党反动派及其帮凶们实行专政”。这不仅明确了中国国体、政体的性质和特点，也确立了与中国共产党合作的各民主党派在中国政治体制中的地位。

政党合作是以统一战线的形式体现出来的，并成为统一战线的核心内容。1922 年 6 月，中共中央在《中国共产党第一次对时局的主张》中提出，“由一个能建设新的政治组织应付世界的新环境之民主党或宗旨相近的数个党派之联合，用革命的手段完全打倒非民主的反动派官僚军阀，来掌握政权”，并提出“邀请国民党等革命的民主派及革命的社会主义各团体，开一个联席会议”，“共同建立一个民主主义的联合战线，向封建式的军阀继续战争”。1922 年《关于“民主的联合战线”的议决案》明确要求：“共产党应该出来联合全国革新党派，组织民主的联合战线，以扫清封建军阀推翻帝国主义的压迫，建设真正民主政治的独立国家为职志。”

在新民主主义革命中，中国共产党始终坚持多党合作。

1938年，毛泽东在《中国共产党在民族战争中的地位》中提出，“在一切有愿意和我们合作的民主党派和民主人士存在的地方，共产党员必须采取和他们一道商量问题和一道工作的态度”。1940年，毛泽东在《新民主主义论》中指出：“我们将和所有愿意抗日到底的阶级、阶层、政党、政团以及个人，坚持统一战线，实行长期合作。”1945年，中国共产党第七次全国代表大会召开，毛泽东在报告中指出：“中国在整个新民主主义制度期间，不可能、因此就不应该是一个阶级专政和一党独占政府机构的制度。只要共产党以外的其他任何政党，任何社会集团或个人，对于共产党是采取合作的而不是采取敌对的态度，我们是没有理由不和他们合作的。”这就把与民主党派的合作从统一战线性质的政治战略层次，上升到国家基本政治制度性质的层次上。1949年党的七届二中全会上，毛泽东又强调：“我党同党外民主人士长期合作的政策，必须在全党思想上和工作上确定下来。”因此，最大限度地寻求与其他革命政党的团结合作，就成为中国共产党在新民主主义革命和社会主义革命中的基本战略方针和贯穿革命全过程的一条主线。

中国共产党与其他政党合作的实践，是从1924年1月与孙中山领导的中国国民党的合作开始的。中国共产党以党内合作的方式，即中共党员以个人身份加入国民党，与中国国民党实行首次合作，开展了以工农群众为主体的、包括民族资产阶级和上层小资产阶级参加的轰轰烈烈的大革命运动。中国国民党和中国共产党共同发动和领导北伐战争，沉重打击了帝国主义的在华势力，基本推翻了北洋军阀的反动统治，使民主革命思想在全国范围内得到空前传播，促进了中国广大民众的觉醒和中国社会的进步。蒋介石、汪精卫集团在帝国主义势力和地主阶级、买办资产阶级拉拢支持下背叛革命，导致国共合作破裂，革命遭到失败。

抗日战争时期，为反对日本帝国主义侵略，实现民族独立，1937 年，中国共产党与中国国民党第二次合作，建立了抗日民族统一战线，共同抗日。在国共合作中，中国共产党实行“发展进步势力、争取中间势力、孤立顽固势力”的方针，广泛团结和联合各方面拥护抗日的党派、团体和人士，陷敌于灭顶之灾的汪洋大海。经过八年浴血奋战，终于打败了日本侵略者，赢得了近代以来中国人民反对帝国主义侵略的第一次完全胜利。抗战胜利后，由于以蒋介石为首的国民党统治集团在美帝国主义支持下，顽固坚持大地主大资产阶级专政的立场，实行国民党一党专政，拒不接受中国共产党提出的建立联合政府、和平建国的政治主张，悍然发动内战，国共合作再次破裂。

中国共产党与中国国民党两次合作，都推进了革命事业的发展，体现了近现代中国革命合作则赢、分则必败的基本特点和规律，反映了完成新民主主义革命的目标任务必须实现革命力量团结的内在要求。同时，两次合作最终破裂也深刻启示我们，政党合作必须具有牢固的政治基础，坚持正确的政治方向，为实现共同目标而奋斗，否则，合作就难以持久。抗日战争胜利前后，各民主党派陆续成立，它们作为处在国共两大政党之间的中间势力，具有爱国、反帝、民主的政治倾向，为中国共产党实现新的政党合作，创建新型政党制度提供了重要契机。

各民主党派的自主选择

中国各民主党派少数成立于大革命时期和土地革命战争时期，大多数成立于全民族抗日战争和解放战争时期，是半殖民地半封建社会历史条件下中国人民反抗帝国主义、封建主义和官僚资本主义的结果。西方资产阶级政党政治学说的传入和孙中山的民主共和思想是民主党派产生的思想基础，中国社会存在的广大中间势力是民主党派产生的社会基础，中国共产党政党联合的统一战线政策为民主党派开辟了政治空间。它们作为民族资产阶级、城市小资产阶级以及同这些阶级相联系的知识分子和其他爱国分子的政治代表，与中国共产党共同反对国民党蒋介石一党专政，为实现民族独立、人民解放、建立民主政治团结奋斗，成为中国共产党领导的统一战线的重要组成部分和多党合作的主体。

长期与中国共产党合作、新中国成立后作为多党合作基本构成的 8 个民主党派中，最早成立的是中国致公党（简称致公党）。1925 年 10 月，致公党由华侨社团发起，在美国旧金山成立。1931 年召开二大后，总部移至香港。致公党致力维护华侨的正当权益，政治上反对蒋介石的独裁。抗日战争时期，以各种形式参加抗日活动。中国农工民主党（简称农工党）前身是1930年宣告成立的中国国民党临时行动委员会，遵行革命三民主义思想，代表“平民利益”，实行“平民革命”，建立“平民政权”，主张耕者有其田、大企业国有化以及发展民族工商业等政策。1935年11月，改名为中华民族解放行动委员会，实行联共、反蒋、抗日的方针，全民族抗日战争期间参加抗日民族统一战线，参与中国民主政团筹建。1947年2月，改名为中国农工民主党。中国民主同盟（简称民盟）1941年3月在重庆秘密成立，以部分国民参政员于1939年建立的“统一建国同志会”为基础，吸收中国青年党、国家社会党、中华民族解放行动委员会、中华职业教育社、乡村会的成员及其他人士参加，当时的名称为中国民主政团同盟。1944年9月，在重庆召开全国代表会议，改名为中国民主同盟。“反对独裁，要求民主；反对内战，要求和平”是其政治主张。

抗日战争胜利后到新中国成立前，又有5个民主党派陆续成立。1945年12月，由爱国的民族工商业者和有联系的知识分子发起，中国民主建国会在重庆成立。它以“和平统一，民主建国，实现民有、民治、民享”为奋斗目标，反对国民党一党专政和内战政策，反对官僚资本主义垄断，主张发展民族工商业。中国民主促进会（简称民进）于1945年12月在上海成立，参加者多为文教、出版界部分进步知识分子及上海工商界爱国人士，以“发扬民主精神，推进中国民主政治之实现”为宗旨，要求“改革政权，实现民主”，国民党“无条件地还政于民”，“无条件停止内战”。九三学社的前身为抗日战争后期一批进步学者在重庆组织的民主科学座谈会，为纪念1945年9月3日抗日战争和世界反法西斯战争的伟大胜利，1946年1月改名为九三学社。它主张以五四的民主科学精神为指导，反对国民党独裁和官僚资本主义垄断，要求实现政治民主化。台湾民主自治同盟（简称台盟）1947年由台湾地区人士发起，组建于香港，主张反帝、反封建、反官僚资本主义，实现台湾地区的民主政治，“建立独立、和平、民主、富强和康乐的新中国”。中国国民党革命委员会（简称民革）由原中国国民党民主派及其他爱国民主人士所创建，1948年1月在香港成立，其行动纲领是“推翻蒋介石卖国独裁政权，实现中国独立、民主与和平”。

从中国民主党派的总体状况看，具有如下特点：其一，不是单一阶级的政党，而是具有阶级联盟性质。其社会基础和成员构成，不是完整的资产阶级，而是其中的民族资产阶级部分，在小资产阶级中，主要是城市的知识分子，此外还包括其他爱国民主人士、爱国华侨，从国民党统治集团分裂出来的反对派，还有某些带有民主色彩的地主买办阶级的代表人物，其组织成分从统治阶级内部的反对派一直包含到进步分子。其二，不是群众性的政党，而是以知识分子为主体。民主党派的成员和发展对象不是普通的社会民众，主要是有一定知识层次、社会地位和身份的人士，属于社会精英，不做或很少做工农群众的工作，没有广泛深厚的民众基础。其三，政治主张具有多面性，而以进步性、民主性为主导。一方面，受中外反动派排挤和压制，具有爱国民主要求；另一方面，对帝国主义、封建主义和官僚资本主义存在某种依附关系。由于带有中间性，其政治倾向从君主立宪一直到新民主主义革命都有，但处于主流和主导的是爱国、反帝、民主。这些特点，决定了中国民主党派数量较多，但党派人数有限，规模不大。发动和组织爱国民主运动是民主党派的主要斗争方式，难以形成统一的、独立的、强大的政治力量；既有一定的进步性，又存在一定的软弱性、动摇性，其进步性决定了民主党派能够成为中国共产党的同盟者和合作者，其软弱性和动摇性决定了民主党派只能在国民党一党专政和共产党新民主主义道路之间作出选择，难以成为中国革命的领导力量。正是基于这些特点和中国的社会政治环境，各民主党派一成立就作出政治选择，旗帜鲜明反对国民党一党专政，与中国共产党团结合作，为建立民主政治共同奋斗。

多党合作的形成和发展

中国共产党与各民主党派都是近代中国共同反对帝国主义、封建主义和官僚资本主义的政治力量，虽然各民主党派当时不赞成社会主义和共产主义，但其政治主张同中国共产党新民主主义革命的纲领基本上是一致的，都主张建立独立、统

一、民主、自由、富强的新中国。因此，各民主党派自成立时起，就得到中国共产党的支持，建立了程度不同的合作关系，并在斗争实践中不断发展和深化了这种关系。

支持民主党派建立组织、开展活动。1941 年，民盟的前身中国民主政团同盟成立前夕，章伯钧、丘哲等代表中间党派找中共代表周恩来、董必武、叶剑英等沟通，请中共给予支持，周恩来当即表示赞同。随后，中共南方局利用各种资源，竭力扶持，并在经济上给予切实援助，使其于 1941 年 3 月 19 日在重庆顺利成立。1944 年底，一批进步学者在重庆发起民主科学座谈会，提倡民主科学精神，讨论时局，发表政见。为纪念 1945 年 9 月 3 日抗日战争和世界反法西斯战争胜利这一历史性日子，“民主科学座谈会”改名为“九三座谈会”。1945 年，毛泽东在重庆谈判期间会见许德珩时说，既然有许多人参加，你们又都是科学文化界有影响的代表人物，就把座谈会搞成一个永久性的政治组织。1946 年 1 月，“九三座谈会”改名为“九三学社”，同年 5 月召开大会，作为一个政党组织在重庆正式成立。1946 年年中到 1947 年 4 月，致公党陈其尤、陈演生、黄鼎臣、伍觉天等人，在中共华南分局的帮助和指导下，恢复致公党组织工作，顺利召开了第三次大会。支持民主党派建立组织，加强了中国共产党与中间党派的联系，增进了民主力量的团结，使各民主党派成为中国共产党坚持抗战、民主团结的可靠朋友。

在反对国民党一党专政的斗争中互相支持。早在 1939 年 9

月召开的国民参政会上，中国共产党就提出实行民主抗战、加强党派合作等意见，中间党派参政员积极赞成，不少人联名提出要求国民党立即结束党治，并从1940年起掀起了大规模的民主运动。1944年，中国共产党提出组织各党派参加的民主联合政府的主张，受到各民主党派和民主人士的热烈拥护，他们或者在各种集会、座谈会上发表讲话，或者以党的“政治主张”“对时局的宣言”等形式，抨击国民党的一党专政，支持中国共产党关于成立联合政府的主张。1945年8月，为了避免内战，实现和平建国，毛泽东赴重庆与国民党当局谈判。谈判期间，毛泽东三赴特园会见民盟中央主席张澜等民主党派人士，畅谈关于和平统一、民主建国的意见，共商相互配合、通力合作事宜。重庆谈判后，中国共产党与民盟进一步协商，并正式达成加强合作的“君子协定”。

特别是1946年旧政协会议前后，中国共产党和民盟充分协商、默契配合，互相支持、步调一致，共同进行斗争。会前，中共中央副主席周恩来与民盟中央主席张澜晤面，就催促国民党召开政治协商会议、共同争取出席会议名额等，进行了多次磋商，充分交流意见，达成联合行动。在确定出席会议单位名额中，根据重庆谈判达成的《双十协定》，国共双方商定国民党9人，共产党9人，民盟9人，社会贤达9人，共36人。国民党为掌握多数，分化瓦解民盟，扶持拉拢当时民盟内部的三党之一——中国青年党，强硬要求其在民盟9个名额中独占5个。周恩来、王若飞等多次到特园和张澜等进行商讨，最终民盟原定9个名额不变，青年党以独立单位参加，其5个名额由共产党让出2个，国民党让出1个，另外将代表总名额再增加2个。最后商定名额是：国民党8人，共产党7人，民盟9人，青年党5人，社会贤达9人，共38人。会上，双方有重大的行动和主张，或是遇到重大事项，彼此都先交换意见。针对国民党坚持首先“军队国家化”，然后才能“政治民主化”，妄图吃掉共产党领导的人民军队的图谋，民盟支持中共提案，先改组政府，后整编军队，先“政治民主化”，后“军队国家化”，最后通过了《关于军事问题的协议》。政协会议召开期间，民建、民进、三民主义同志联合会等民主党派，纷纷向会议提出意见或建议书，要求国民党立即结束一党专政，切实保障人民的各项民主权利。经过中共与民盟和其他民主人士的共同斗争，最终通过了《关于政府组织问题的协议》《和平建国纲领》《关于国民大会问题的协议》《关于宪法草案问题的协议》《关于军事问题的协议》五项协议，粉碎了国民党分裂民盟、孤立中共、抵制民主联合政府、实行一党专政的图谋。

1946年6月，蒋介石背信弃义，撕毁政治协商会议协议，悍然发动内战。当中国面临两种前途、两种命运的大决战之时，各民主党派坚定站在中国共产党一边，共同进行推翻帝国主义、封建主义、官僚资本主义的伟大斗争。由各民主党派发起成立的“上海人民团体联合会”召开大会，发表《反对内战宣言》，要求蒋介石停止内战。1946年11月15日，蒋介石不顾社会各界反对、单方宣布召开所谓“国民大会”，中国共产党和各民主党派，“一概反对，一概拒绝参加”。民盟中央主席张澜公开发表谈话，不怕一切威胁利诱，绝不参加一党“国大”。重庆和平促进会、民主建国会重庆分会等 21 个团体发表联合声明，反对国民党一手包办的“国民大会”。由于中国共产党与各民主党派的共同抵制，所谓的“国民大会”和维护蒋介石独裁统治的所谓“中华民国宪法”名誉扫地，失去了欺骗人民的作用。

中国共产党与各民主党派从产生到合作的过程表明，中国共产党和各民主党派不像西方英美国家的政党那样，产生于议会中两个势不两立、激烈争斗的政治派别，也不以赢得选举、竞争执政权为政党的存在价值，而是在新民主主义革命中建立和发展，在争取民族独立和人民解放中不断凝聚政治共识，为实现共同的政治目标团结奋斗。正是在这个根基上，逐步建立起中国新型政党制度的大厦。

新型政党制度的创建

政党制度作为国家法律规定或实际生活形成的政党的社会地位作用、政党之间的关系，特别是政党执掌、参与或影响国家政权的具体体制和运行机制，其宏伟大厦的构建，不仅需要牢固的基石，还需要支撑的“四梁八柱”。中国共产党与各民主党派、无党派人士，在推翻“三座大山”、建立新中国的过程中，不断架梁立柱、添砖加瓦，终于使新型政党制度与新中国一起诞生。

奠定多党合作的政治基础。共同认定的政治目标、政治方向和政治原则，是多党合作的政治基础。这个政治基础的集中体现，就是中国共产党领导的新民主主义道路。中国共产党的领导地位不是天生的，也不是多党合作一开始就赋予的。民主党派也不是自然而然就接受新民主主义的政治主张的。在抗日战争胜利后，一些民主党派成员还提出了“第三条道路”，即既反对国民党一党专政，也不赞成中国共产党的新民主主义，而是主张在中国建立西方议会制民主共和国。在多党合作的实践中，中国共产党的政治主张和政治品德，越来越得到各民主党派和无党派人士的认同，从而把国家前途和民族希望寄托在中国共产党身上。

1945 年 4—6 月，中国共产党第七次全国代表大会明确了党的政治路线和具体纲领，把“联合政府”作为党的基本政治主张，即“在广泛的民主基础之上，召开国民代表大会，成立包括更广大范围的各党各派和无党无派代表人物在内的同样是联合性质的民主的正式的政府，领导解放后的全国人民，将中国建设成为一个独立、自由、民主、统一和富强的新国家”。1945 年 10 月，中国民主同盟临时全国代表大会召开，并发表宣言提出，“中国民主同盟始终相信举国一致的民主联合政府是当前国家和平、统一、团结的唯一途径，同时亦是全国通力合作，群策群力共同建国的唯一途径”。1946 年 1 月，三民主义同志联合会在对政治协商会议之意见中指出，“为加速实行民主政治，必须立即结束一党训政，并于国民大会召开以前，组织临时性的联合政府，作为民主的中央施政机构”。1946 年 11 月，国民党蒋介石不顾全国人民反对，单独召开“国民大会”，妄图通过一个所谓的宪法，使其内战、独裁、卖国的路线“合法”化。中国共产党立即发表严正声明，指出它是违背政协协议与全国民意，而由一党政府单独召开的，并持坚决反对的态度。民盟、民建、农工党、民革等民主党派纷纷发表声明，强烈反对该会议召开，拒绝出席，呼吁全民制止伪国大。民进、民建等 11 个党派团体联合声明，反对一党专政的宪法，支持成立“真正民主统一的联合政府”。

随着人民解放战争的胜利推进，1948 年 4 月 30 日，中国共产党中央委员会发布“五一口号”，提出：“各民主党派、各人民团体及社会贤达，迅速召开政治协商会议，讨论并实现召集人民代表大会，成立民主联合政府。”各民主党派、无党派民主人士热烈响应，先后分别发表声明、宣言和告全国同胞书，指出中共“五一口号”，“适合人民时势之要求，尤符同人等之本旨”，“事关国家民族前途，至为重要。全国人士自宜迅速集中意志，研讨办法，以期根绝反动，实现民主”。“通过新政协会议以解决国是，是今日救国建国的唯一正确途径”，愿“共同为迅速实现新政协而努力”。在中国共产党协助下，各民主党派相继从国民党统治区奔赴解放区，与中国共产党共同筹备召开新政治协商会议。1949 年 1 月 22 日，李济深、沈钧儒、谭平山、郭沫若等 55 位已到达解放区的民主党派领导人和著名民主人士联合发表声明，明确宣告“愿在中共领导下，献其绵薄，贯彻始终，以冀中国人民民主革命之迅速成功，独立、自由、和平、幸福的新中国之早日实现”，“务使人民民主阵线之内，绝无反动派立足之余地，亦绝对不允许有所谓中间路线之存在”。

各民主党派响应中共“五一口号”，联合发表声明，标志着民主党派放弃了“第三条道路”，选择了中国共产党领导，走上了新民主主义道路。从此，中国共产党领导成为各民主党派必须恪守的政治信念和政治规范，成为中国新型政党制度牢不可破的基石；从新民主主义到社会主义，成为中国共产党与各民主党派团结合作的政治基础和坚定不移的政治方向。

1949 年 9 月，中国人民政治协商会议第一届全体会议通过了《中国人民政治协商会议共同纲领》（简称《共同纲领》）。《共同纲领》是新中国成立初期团结全国人民共同前进的政治基础，也是中国共产党和各民主党派、无党派人士在多党合作中形成的最基本最重要的政治共识，从而为中国新型政党制度奠定了坚实的政治基础。

建立多党合作的重要机构。中国共产党与各民主党派的多党合作，既需要牢固的政治基础，还需要稳固的机构和形式。中国共产党与中国国民党曾两次进行合作，都没有形成和建立制度化的合作组织。第一次是党内合作，中共党员以个人身份加入国民党，同时保持党组织上和行动上的独立性。国共合作中，虽然两党共同组成了国民党的中央领导机构和中央党部，合作创建了黄埔军校，共同组织和领导了北伐战争，合作开办农民运动讲习所，但两党始终没有制定共同纲领和设立专门的机构①。第二次是党际合作，在共同抗日的形势下，出现了两种政权、两种军队、两条路线、两个战场，“两党在不同的区域内执政、合作，没有建立固定的合作机构，是一种无固定形式，无共同纲领，不完善的合作”②。由于合作是随机性的，始终没有形成制度化的内容、方式和机构，从而导致这种合作缺乏稳定性、时效性和约束力，使国共合作经常面临复杂情况和曲折，一旦形势变化就发生变故，难以及时有效处理，导致关系紧张、发生危机。

中国共产党与各民主党派的多党合作，正处于全民族抗日战争和解放战争时期，中国共产党是非执政党，各民主党派也是社会上的进步党团，难以建立正式的规范的多党合作机构。但是，中国共产党通过建立统一战线组织，党的领导人主动结交党外朋友，与各民主党派签订“君子协定”，吸收各民主党派成员和无党派人士参加抗日根据地和解放区政权，形成了经常化的沟通、交流、协商的工作机制和合作方式。1948 年 9 月，中共中央决定把“中央城市工作部”改名为“中央统一战线工作部”，联系团结协调各民主党派成为统一战线工作的重

---

① 王邦佐，等．中国政党制度的社会生态分析．上海：上海人民出版社，2000：66－67.

② 王功安，陈奇文，曾宪林．国共两党关系概论．武汉：武汉出版社，1996：12.

要内容，中央统一战线工作部成为做好多党合作工作的职能部门。尽管如此，要建立新型政党制度，还需要创设多党合作机构，形成稳定、规范、高效的多党合作机制。

1949 年 6 月到 9 月，中国共产党与各民主党派、无党派人士在筹备召开中国人民政治协商会议的过程中，不仅协商建立了新中国，而且确立了多党合作的机构和方式，完成了新型政党制度这一创制工作。中国人民政治协商会议通过的《共同纲领》明确指出："由中国共产党、各民主党派、各人民团体、各地区、人民解放军、各少数民族、国外华侨及其他爱国民主分子的代表们所组成的中国人民政治协商会议，就是人民民主统一战线的组织形式。"从此，中国人民政治协商会议成为多党合作的重要机构，政治协商成为多党合作的基本方式。在人民政协进行政治协商、民主监督、参政议政，成为各民主党派和无党派人士在国家政治生活中发挥作用的重要方式。

在国家政权中合作共事。建立人民政权是中国新民主主义革命的根本问题，也是中国新型政党制度的根基。在新民主主义革命中，中国共产党和各民主党派既是共同推进革命的政治力量，也是人民政权的基本构成。毛泽东指出，"我们主张统一战线政权，既不赞成别的党派的一党专政，也不主张共产党的一党专政，而主张各党、各派、各界、各军的联合专政"。抗日战争时期，中国共产党在根据地政权建设中普遍实行"三三制"原则，即在人员分配上，共产党员占三分之一，非党的左派分子占三分之一，不左不右的中间派占三分之一，吸收大量党外人士参加政权。据中共中央西北局统计，至1944年，从陕甘宁边区各级参议会议长、副议长、常驻议员，边区政府主席、副主席，边区政府各厅厅长，到县长、乡长、科长等的任职中，非中共人士共有3 592名，其中救国会创始人和重要骨干柳湜担任陕甘宁边区教育厅厅长①。从而开创了多党合作中包括民主党派成员在内的党外人士参加人民政权的先河，成为新民主主义国家政权的雏形。

新中国成立前夕，中国共产党就与各民主党派在人民政权中合作共事作了明确规定。1949年3月，毛泽东在党的七届二中全会上强调："我党同党外民主人士长期合作的政策，必须在全党思想上和工作上确定下来。""团结尽可能多的能够同我们合作的城市小资产阶级和民族资产阶级的代表人物，它们的知识分子和政治派别，以便在革命时期使反革命势力陷于孤立，彻底地打倒国内的反革命势力和帝国主义势力。"在进驻北平途中，毛泽东对周恩来说，对作过贡献的各民主党派领导人，应该在政府里安排职务。

1949年9月，中国人民政治协商会议第一届全体会议召开，选举产生的中央人民政府和政务院组成人员，都充分吸收民主党派、无党派人士等党外人士参加人民政权。在政权结构中，中央人民政府6名副主席，民主党派和无党派人士3名；

① 参见梁星亮、杨洪的《陕甘宁边区政权工作人员的特点》（陕甘宁边区红色记忆多媒体资源库）。

56名委员中，民主党派和无党派人士26名。政务院4名副总理，民主党派和无党派人士2名；15位政务委员中，民主党派和无党派人士9名；政务院所辖34个部、委、院、署、行等机构中，担任正职的民主党派和无党派人士有15人，担任副职的有42人[①]。在行政区和省市政府中，民主党派和无党派人士有40人担任副主席或副市长[②]。从此，民主党派、无党派人士等党外人士参加国家政权，在人大、政府、司法机关担任领导职务，就成为多党合作的重要内容，并不断规范化、制度化。这既坚持了中国共产党的领导地位，又形成了多党合作的政权组织形式，保证了民主党派等党外人士的政治参与，扩大了人民政权的社会基础，成为中国社会主义民主政治的鲜明特色。

在新的历史条件下坚持和完善中国新型政党制度

以中国人民政治协商会议召开，新中国的成立为标志，中国共产党领导的多党合作和政治协商制度这一新型政党制度正式确立。新中国成立后，随着社会主义制度的建立以及在改革开放中坚持和发展中国特色社会主义，中国新型政党制度不断经受考验和挑战，在充分彰显特色、发挥优势中得到进一步巩

---

① 朱维群．让历史告诉未来：中共中央发布“五一口号”六十周年纪念．北京：华文出版社，2008：224－225.

② 《新中国统一战线六十年大事记》编辑组．新中国统一战线六十年大事记：1949—2009. 北京：华文出版社，2009：560－562.

固和发展。

协助民主党派巩固组织、发展成员。无产阶级夺取国家政权，建立社会主义制度后，执政党如何处理同其他党派的关系，是各社会主义国家面临的一个重大政治课题。新中国成立时，共有 11 个民主党派。有的民主党派认为自己的历史使命已经完成，已无存在的必要。1949 年 12 月，中国人民救国会认为其政治主张已经实现而宣布解散。还有一些党派也在酝酿解散，经中国共产党做工作而继续留存。1949 年 11 月，民革举行第二次全国代表会议，决定将民革、三民主义同志联合会和中国国民党民主促进会统一为一个组织——民革。这样，中国新型政党制度体制中，除中国共产党外，还有 8 个民主党派（民革、民盟、民建、民进、农工党、致公党、九三学社、台盟）和无党派人士，它们构成了新中国多党合作的基本格局。

1950 年，各民主党派经过清理整顿组织，共有成员 11 540 多人。为此，中国共产党向民主党派提出发展成员的建议，并经过与各民主党派协商，根据各党派组织成员的历史情况，确定了各民主党派活动的范围和组织发展重点。具体是：民革，以原国民党及在职的旧公务人员的中上层为主；民盟，以文教界的中上层知识分子为主，首先吸收一批大学教授和文教界有影响的上层人士；民建，以工商业资本家及其代表人物为主，与工商界有联系的知识分子、资本家代理人、私营企业中的高级职员亦可吸收；民进，以中小学教职员和出版界人士为主要发展对象，在社会上有影响的上层知识分子、大学教授亦可吸收；农工党，以公职人员、与经济建设有关的中上层人员和医务工作者为主；致公党，以归国侨胞及与华侨有联系的人士为主；九三学社，以科学技术界的高、中级知识分子为主；台盟，以祖国大陆上的台湾地区同胞为发展对象。到 1953 年初，各民主党派成员就达到 3.2 万人。

确立多党合作的基本方针。1956 年，对资本主义工商业的社会主义改造基本完成，社会主义制度在中国建立。社会阶级结构发生重大变化，各民主党派的阶级基础也发生重大变化，民族资产阶级和城市小资产阶级作为阶级已经不复存在，民主党派成员成为自食其力的社会主义劳动者。在这种情况下，还要不要继续与各民主党派合作？应本着什么原则和精神进行合作？毛泽东深刻总结苏联的经验教训，没有采纳新中国成立时斯大林提出的在通过宪法后组织一党政府的建议，而是根据我国多党合作的历史实践，明确提出："究竟是一个党好，还是几个党好？现在看来，恐怕是几个党好。不但过去如此，而且将来也可以如此，就是长期共存，互相监督。"并强调："我们和苏联不同。我们有意识地留下民主党派，让他们有发表意见的机会，对他们采取又团结又斗争的方针。"1956 年 9 月，中国共产党第八次全国代表大会正式把"长期共存、互相监督"作为社会主义时期多党合作的基本方针，多党合作的政治格局在社会主义条件下进一步确立。1978 年改革开放后，为了弘扬多党合作"肝胆相照、荣辱与共"的优良传统，中国共产党第十二次全国代表大会，把多党合作的"八字方针"进一步发展为“长期共存、互相监督、肝胆相照、荣辱与共”的“十六字方针”，并成为改革开放新时期处理中国共产党同各民主党派关系的基本原则。

成为国家的基本政治制度。改革开放后，随着社会主义民主政治建设的发展，邓小平明确指出：“在中国共产党的领导下，实行多党派的合作，这是我国具体历史条件和现实条件所决定的，也是我国政治制度中的一个特点和优点。”1989 年 12 月，《中共中央关于坚持和完善中国共产党领导的多党合作和政治协商制度的意见》明确指出：“中国共产党领导的多党合作和政治协商制度是我国一项基本政治制度。”“它是马克思列宁主义同中国革命与建设相结合的一个创造，是符合中国国情的社会主义政党制度。”1993 年 3 月，八届全国人大一次会议通过宪法修正案，将“中国共产党领导的多党合作和政治协商制度将长期存在和发展”写入《中华人民共和国宪法》，成为国家意志。1997 年，党的十五大把中国新型政党制度纳入建设中国特色社会主义政治的基本纲领，明确指出，建设有中国特色社会主义的政治，“就要坚持和完善工人阶级领导的、以工农联盟为基础的人民民主专政；坚持和完善人民代表大会制度和共产党领导的多党合作、政治协商制度以及民族区域自治制度；发展民主，健全法制，建设社会主义法治国家”。2017 年 10 月，习近平总书记在中国共产党第十九次全国代表大会报告中，将中国共产党领导的多党合作和政治协商制度明确为党在新时代坚持和发展中国特色社会主义的基本方略。这样，中国新型政党制度就与人民代表大会制度、民族区域自治制度、基层群众自治制度一起，构成中国人民当家作主制度体系的核心内容和基本框架，成为完善国家政治体制和推进国家政治发展的重要动力和制度保障。

明确多党合作的政治准则。中国共产党与各民主党派和无党派人士的多党合作是长期合作，正如周恩来所言，我们党的寿命有多长，民主党派的寿命就有多长。这就要求多党合作不仅要有共同目标和共同利益，而且要有坚实的政治基础和共同遵循的政治准则，否则就会出现曲折和挫折。新中国成立后，虽然中国共产党与各民主党派以《共同纲领》为政治基础，但在实际工作中缺乏相应的政治规范，这就难免在复杂情况下出现政治冲突和党际关系紧张。1957 年 4 月，中国共产党请各民主党派等党外人士帮助整风，希望通过各界人士的批评，使党的作风真正得到改进，也设想通过党的若干领导体制的进一步完善，妥善解决实际工作中党与各民主党派、党与知识分子的矛盾。但极少数人却乘机向中国共产党和新生的社会主义制度发动进攻，公然提出共产党退出机关、学校，要求“轮流坐庄”。中国共产党进行反击，又导致了反右派斗争扩大化。毛泽东在《关于正确处理人民内部矛盾的问题》中进行了总结，提出了社会主义条件下分辨是非的六条标准，指出最重要的是社会主义道路和党的领导这两条。并强调：“各民主党派和共产党相互之间所提的意见，所作的批评，也只有在合乎我们在前面所说的六条政治标准的情况下，才能够发挥互相监督的积极作用。”改革开放后，针对一度出现的资产阶级自由化思潮，邓小平鲜明提出坚持四项基本原则，并把它作为新时期多党合作的政治基础。1997 年，着眼实现民主党派新老交替基础上的政治交接，江泽民提出坚持以邓小平理论为指导，坚持社会主义初级阶段基本路线和纲领，坚持中国共产党领导的多党合作和政治协商制度，坚持“长期共存、互相监督、肝胆相照、荣辱与共”的方针等四条准则。2005 年，中共中央系统总结半个世纪以来多党合作的历史经验和中共领导人的探索成果，在《关于进一步加强中国共产党领导的多党合作和政治协商制度建设的意见》中，概括了多党合作的政治准则，即“坚持以马克思列宁主义、毛泽东思想、邓小平理论和‘三个代表’重要思想为指导，坚持中国共产党的领导，坚持社会主义初级阶段的基本路线、基本纲领和基本经验，坚持长期共存、互相监督、肝胆相照、荣辱与共的基本方针，保持宽松稳定、团结和谐的政治环境。中国共产党和各民主党派都必须以宪法为根本活动准则，负有维护宪法尊严、保证宪法实施的职责”。这些政治准则，明确了多党合作的指导思想、根本要求、政治基础、基本方针、重要原则和根本保障，是中国共产党与各民主党派在半个多世纪合作中形成的最重要的政治共识，也是多党合作最基本的政治规范，为新的历史条件下多党合作始终沿着正确方向健康发展提供了基本遵循。

推进多党合作制度化、规范化。一方面，明确民主党派的性质、地位和作用。民主党派是中国多党合作的主体，其性质、地位和作用的界定，是民主党派在多党合作中明确基本定位、发挥职能作用、制定方针政策、进行自身建设的重要依据，决定着中国多党合作的基本性质、政治基础和总体面貌。在中国特色社会主义新时代，在《中共中央关于坚持和完善中国共产党领导的多党合作和政治协商制度的意见》的基础上，《中国共产党统一战线工作条例》进一步明确："民主党派是接受中国共产党领导、同中国共产党通力合作的亲密友党，是中国共产党的好参谋、好帮手、好同事，是中国特色社会主义参政党。"另一方面，规范多党合作的基本内容。中国的多党合作主要体现在政治协商、互相监督和发挥民主党派参政党的作用上。政治协商是多党合作的基本形式。中共中央在有关文件中明确指出，政治协商是中国共产党领导的多党合作和政治协商制度的重要组成部分，是社会主义协商民主的重要形式，是凝聚智慧、增进共识、促进科学民主决策的重要途径，强调把政治协商纳入决策程序，就重大问题在决策前和决策执行中进行协商，是政治协商的重要原则。中国共产党与各民主党派互相监督，是我国多党合作基本方针的重要内容。互相监督是中国共产党与各民主党派相互之间的政治监督，中国共产党处于领导和执政地位，更需要民主党派对中国共产党的监督。《中共中央关于坚持和完善中国共产党领导的多党合作和政治协商制度的意见》明确提出，在四项基本原则的基础上，发扬民主，广开言路，鼓励和支持民主党派与无党派人士对党和国家的方针政策、各项工作提出意见、批评、建议。参政议政是民主党派作为参政党的内在要求，也是履行职能、发挥作用的重要途径。1989 年中共中央有关文件明确民主党派参政的基本点是，“参加国家政权，参与国家大政方针和国家领导人选的协商，参与国家事务的管理，参与国家方针、政策、法律、法规的制定执行”。中共中央有关文件还就民主党派成员和无党派人士在国家政权机关中的参政作用，在人民政协中的作用，健全民主党派负责人参加重要外事、内事活动，加强政府同民主党派的联系等作了具体规范。其明确提出，要保证民主党派成员在各级人大代表、人大常委会和人大专门委员会中占有适当比例，在各级人大领导班子成员中有适当数量；县以上地方政府要选配民主党派成员担任领导职务，各级法院、检察院要逐步选配符合任职条件的民主党派成员担任领导职务；保证民主党派成员在各级政协中占有较大比例；政府参事的聘任应以民主党派成员为主体；中共中央和国家领导人会见、宴请外宾可视情邀请民主党派负责人参加。

中国共产党领导的多党合作和政治协商制度形成和发展的历史过程充分说明，中国新型政党制度不是对中国半殖民地半封建社会政治遗产的继承，不是对西方资本主义国家政治制度的移植，也不是对苏联等社会主义国家政党制度的模仿，而是在马克思主义中国化科学理论指导下，立足近代中国“两头小、中间大”，多阶级、多阶层的社会结构，抓住多党派、多联盟共同推进民主革命的历史机遇，在由封建专制向人民民主的历史跨越中，独辟的新径、独创的新制。它是中国社会历史发展的必然结果，是中国人民政治智慧的结晶，是从中国土壤中生长出来的内生性政党制度。这是中国新型政党制度的本源，也是能够成为人类社会政治文明新形态的根基。

二、中国新型政党制度的鲜明特质

中国共产党领导的多党合作和政治协商制度作为新型政党制度，根本不同于一党专政和多党竞争，具有自身的特殊性质、特定内涵、特殊作用。2000 年 12 月，江泽民概括了中国新型政党制度的基本特征是共产党领导、多党派合作，共产党执政、多党派参政，并强调："我国政党制度的巨大优势就在这里，同国外一党制和多党制的根本区别也在这里。"2018 年 3 月，习近平总书记从"真实、广泛、持久代表和实现最广大人民根本利益、全国各族各界根本利益"，"把各个政党和无党派人士紧密团结起来、为着共同目标而奋斗"，"通过制度化、程序化、规范化的安排集中各种意见和建议、推动决策科学化民主化"等方面，深刻论述中国新型政党制度的"三个新"。这是对中国新型政党制度特殊性质和鲜明特色的精辟概括，也是作为政治文明新形态的重要体现。

社会主义政党制度

政党制度不是孤立存在的，而是与阶级属性和社会政治制度联系在一起的。政党制度的特色优势不取决于外部条件，而由其根本性质所决定。西方多党竞争的政党制度是资本主义发展的产物，建立在资产阶级议会制的基础上，是为实现资产阶级利益、发展资本主义服务的，是资本主义的政党制度。中国新型政党制度的本质属性是什么？《中国共产党统一战线工作条例》指出："中国共产党领导的多党合作和政治协商制度是中国特色社会主义新型政党制度，是我国的一项基本政治制度。"这就鲜明揭示了中国新型政党制度的社会主义性质。

"社会主义社会是在资本主义社会基本矛盾作用下，无产阶级和广大人民群众以革命的方式摧毁资本主义生产关系，夺取国家政权而建立起来的一种社会形态。"① 它是比资本主义更高更进步的社会形态，是人类迄今为止最先进的社会制度。建设社会主义、实现共产主义，是中国共产党一成立就确立的奋斗目标和政治理想。中国共产党与各民主党派和无党派人士在新民主主义革命时期团结合作，共同反对国民党一党专政，推进民主政治，共同筹备召开中国人民政治协商会议，建立新中国，就是为建立社会主义制度创造根本前提。新中国成立后，中国共产党与各民主党派和无党派人士同心协力，努力推进我国由新民主主义向社会主义转变，成功进行土地制度改革以及对资本主义工商业的社会主义改造，在中国 960 多万平方千米的国土上、占世界五分之一多的人口中建立了社会主义制度。改

---

① 王惠岩．政治学原理．北京：高等教育出版社，1999：94.

革开放以来，中国共产党与各民主党派和无党派人士共同探索，坚持和发展中国特色社会主义，社会主义事业全面推进。由此可见，中国新型政党制度不可分割地与中国特色社会主义联系在一起，社会主义是新型政党制度与生俱来的基因，是不断巩固的政治基础和始终坚持的政治方向。中国新型政党制度的社会主义性质，具有多党竞争的资本主义政党制度无可比拟的优越性。

发展是人类社会不断进步的内在要求，无论是资本主义社会，还是社会主义社会，都有赖于社会生产力的解放和发展，都需要凝聚形成推动经济社会发展的强大合力。资本主义社会实行生产资料私有制，存在社会化大生产与生产资料私人占有的基本矛盾，自由竞争在促进生产力发展的同时，也不可避免地带来周期性经济危机。科学技术的广泛应用和社会保障制度的建立，使社会矛盾有所缓和，但并没有从根本上消除资本主义的基本矛盾，它仍然以不同的形式表现出来，是凝聚社会发展合力难以逾越的障碍。中国特色社会主义建立在公有制为主体、多种所有制经济共同发展的基础上，社会各方面成员具有共同理想、共同利益和共同奋斗目标，能够团结一致、齐心协力为推进中国特色社会主义事业团结奋斗。中国新型政党制度作为中国特色社会主义政党制度，既是代表各阶级阶层执掌或参与国家政权的制度形式，也是团结联合社会各方面成员为建设中国特色社会主义共同奋斗的政治体制，在凝聚形成促进发展的社会合力上，比资本主义国家竞争性政党制度更具特色和优势。

能够实现政党团结。不同社会中普遍存在各种政党，政党作为重要的政治主体，以不同方式执掌、参与或影响政权，在社会发展中具有至关重要的作用。因此，凝聚形成社会发展合力，首要的就是实现政党团结，为促进经济社会发展协力奋斗。资本主义国家竞争性政党制度，是经济社会矛盾不可调和的产物，代表和体现不同利益集团的执政党与在野党，彼此势不两立，不仅很难凝聚社会合力，而且往往造成政治极化和社会撕裂。中国共产党与各民主党派的合作建立在共同的政治基础上，中国共产党作为执政党，是中国特色社会主义的领导核心，各民主党派作为参政党，是中国特色社会主义的实践者、维护者和捍卫者，中国共产党与各民主党派是团结合作关系，在坚持和发展中国特色社会主义中始终同心同向同行。中国多党合作的目标任务与国家的目标任务是一致的，参政党与执政党的目标任务也是一致的，既保证了中国特色社会主义的发展方向，又推动实现了中国各项事业的全面进步。

能够加强社会团结。现代社会是由不同的阶级、阶层和社会群体组成的，经济社会发展需要全社会各阶级、阶层和群体群策群力、共同推进。由于社会不同的阶级、阶层和群体有不同的目标和期待，不同的利益和诉求，所以实现社会发展，必须加强社会团结，协调利益矛盾，调动各方面的积极性。资本主义国家竞争性政党制度，是社会矛盾不可调和的产物，代表和体现不同利益集团的执政党与在野党激烈竞争，彼此恶斗，除了危及资本主义制度、国家存亡等问题外，很难在经济社会发展的目标、战略、路径、政策上达成一致。中国新型政党制度建立在社会主义社会全国人民不存在根本利害冲突的基础上，正确处理人民内部矛盾是国家政治生活的主题，也是多党合作的题中应有之义。在新型政党制度中，中国共产党和各民主党派都联系着相应的阶级、阶层和社会群体，通过政治协商和各民主党派的参政议政、民主监督，及时反映各阶级、阶层和社会群体的利益诉求，在形成政治共识基础上，制定、完善相应的政策法规，协调关系，化解矛盾，充分调动各方面的积极性，使多党合作和政治协商成为增进各方共识、形成社会合力的重要平台。

特别是在出现危机和挑战时，中国新型政党制度凝聚的发展合力，能够形成同心同德、共克时艰的局面。新冠疫情，是新中国成立以来在我国发生的传播速度最快、感染范围最广、防控难度最大的一次重大突发公共卫生事件。中共中央统筹全局、沉着应对，果断采取一系列防控和救治举措，打响了疫情防控的总体战、阻击战。各民主党派作为中国共产党的亲密友党和参政党，坚决贯彻中共中央决策部署和习近平总书记的指示精神，履行参政党的使命担当。各党派中央第一时间成立主席任组长、各位副主席任副组长的应对新冠疫情工作领导小组，根据中共中央、国务院关于应对疫情防控工作的总体部署和疫情变化情况，向本党派各地组织和广大成员提出要求，全力投入阻击疫情的战斗。各民主党派充分发挥智力资源优势，围绕疫情防控工作的重点、难点和人民群众反映强烈的热点问题，积极建言献策；充分发挥专业人才优势，组织6万多名民主党派医务人员投入疫情一线，与中共党员、各地各方面援救人员一起，舍生忘死、救死扶伤；充分发挥组织优势，发动各级组织和广大成员及所联系群众，积极向灾区群众捐款捐物。截至2020年3月8日，民主党派各级组织和广大成员共捐款19.55亿元，捐赠各类物资价值31.53亿元[①]。经过中国共产党、各民主党派和全国人民共同团结奋战，一个拥有14亿多人口的中国，用一个多月的时间初步遏制了疫情蔓延势头，用两个月左右的时间将本土每日新增病例控制在个位数，用三个月左右的时间取得了武汉保卫战、湖北保卫战的决定性胜利。

而实行竞争性资本主义政党制度的美国，由于难以形成共识与合力，在这场抗击全球性新冠疫情中彻底失败。2022年5月12日，在新冠病毒肆虐全球两年多以后，美国总统拜登在白宫网站发表声明："今天，我们纪念一个悲剧性里程碑：100万美国人死于新冠。"美国为什么会成为"抗疫失败国"？重要原因之一，就是一些政客为了自身以及党派利益不断为疫情阴谋论推波助澜，连戴口罩都成为党争的符号。美国休斯敦联合纪念医学中心急救和新冠治疗主管约瑟夫·瓦龙曾在接受媒体

① 中央统战部一局．凝聚起同心战疫的磅礴力量：各民主党派有序开展新冠肺炎疫情防控工作综述．中国统一战线，2020（4）．

采访时说："如果更多美国人能够接受正确的指引，相信基本常识，就不会有 100 万人因新冠病毒而死亡。"①

民主是人民的统治，是由人民决定国家的发展方向和大政方针，管理国家和社会事务，维护和发展人民利益。但在不同的社会制度中，民主具有不同的性质和实现方式。由于资本主义建立在生产资料私有制的基础上，民主只是经济上居于统治地位的资产阶级实现阶级统治的政治形式，是占人口少数的资产阶级的民主。建立在代议制基础上的两党制和多党制，是作为资产阶级民主共和制的一个重要环节，依照资产阶级革命时期提出的主权在民、人权和分权制衡等原则建立起来的，与封建专制相比是一个历史性进步，但其实质仍是资产阶级少数人的民主。建立上百年来，虽然资本主义国家形成了一整套严密精致的民主程序，实行全民普选，但并不能维护和实现广大无产阶级和劳动群众的利益。在政治实践中，民主往往被利益集团和资本所操纵，偏离"人民统治"的初衷，成为政治精英谋求权力的工具。毛泽东说："所谓两党制不过是维护资产阶级专政的一种方法，它绝不能保障劳动人民的自由权利。"邓小平也指出："资本主义国家的多党制有什么好处？那种多党制是资产阶级互相倾轧的竞争状态所决定的，它们谁也不代表广大劳动人民的利益。"在中国特色社会主义条件下，人民民主

① 谭晶晶．特稿：美国新冠死亡病例破 100 万：数字背后的"抗疫失败国"真相．新华网，2022－05－14．

专政国体和人民代表大会政体为绝大多数社会成员享有民主权利提供了根本政治保障，彻底改变了民主仅为占人口极少数的剥削阶级享有的状况。以人民为主体的全过程人民民主，把人民统治的民主理想变成现实，是比资产阶级民主更真实、更广泛、更优越的民主。中国共产党领导的多党合作和政治协商制度与中国人民民主专政的国体、人民代表大会的政体、中国人民的政治协商机关有机结合在一起，深深嵌入全过程人民民主之中，是社会主义民主两种重要形式之一。无论是推进和实现民主的广度、深度和力度，还是真正体现和实现人民当家作主，都是资本主义国家竞争性政党制度难以企及的。

扩大人民政治参与。政治参与是民主的必要前提，是实现公民政治权利的主要途径。没有政治参与，就没有民主和民主制度。资本主义国家竞争性政党制度，实际上是资产阶级内部不同政治派别或利益集团的政治竞争，是资产阶级社会精英的“政治秀”，无产阶级劳动群众虽然被赋予选举投票权，但选举投票后就进入休眠期，与实际的政治运作无关。在中国新型政党制度中，中国共产党领导和执政，就是支持和实现人民当家作主，最广泛地动员和组织人民群众依法管理国家和社会事务，管理经济和文化事业。各民主党派作为参政党，参加国家政权，参与国家大政方针和国家领导人选的协商，参与国家事务的管理，参与国家方针、政策、法律法规的制定执行，扩大了人民群众的政治参与和人民政权的社会基础。中国共产党与各民主党派、无党派人士的政治协商，实现了社会主义选举民主与协商民主的有机结合，使人民群众既能通过投票选举行使民主权利，又能在投票选举后在各种协商中持续进行政治参与，其愿望诉求在国家政治过程和结果中得到体现。中国共产党和各民主党派都具有广泛的社会基础，联系着社会各方面成员，它们的协商议政，为社会各方面人民群众的政治参与，实际行使管理国家事务的权利，开辟了广阔的制度化渠道。

促进科学民主决策。科学决策是民主的重要价值，也是社会主义民主政治的集中体现。人民可以通过行使民主权利，直接或间接管理国家和社会事务，同时也可以通过政治参与，促进科学民主决策。对于资本主义国家竞争性政党制度，在权力分立的政治体制中，民主经常成为多党竞争的武器和相互制约的工具，成为维护自身利益在相关政策决策上的彼此反对。在中国新型政党制度中，中国共产党领导和执政的重要内容就是科学民主决策，各民主党派和无党派人士参政议政的重要价值也是促进科学民主决策，中国共产党与各民主党派政治协商的过程，就是充分发挥各民主党派和无党派人士人才智力优势，认真听取和吸纳各种意见建议，在集思广益中实现科学民主决策的过程。中共中央有关文件明确要求，政治协商是科学民主决策的一个重要环节，要协商于决策之前和决策执行的过程中，从而使多党合作和政治协商成为充分发扬民主，集中集体智慧，实现科学民主决策的重要平台和体制机制，使人民民主在科学民主决策中的重要价值作用得到充分展现。

高效进行社会治理。社会治理是民主的重要功能，是人民管理国家和社会事务的重要体现。但是，社会治理是有成本的，既要讲民主，还要讲集中，否则就会付出沉重的代价。资本主义国家竞争性政党制度建立在利益矛盾不可调和的基础上，在制定政策、作出决策进行社会治理中，往往受到利益集团的干扰。政党利益的局限、彼此竞争的制约，既使社会治理政策缺乏连续性，你令我改，你立我废，又使政策决策在制定和实施过程中，往往议而难决，决而难行，使国家治理成为低效率民主治理和零和博弈。中国新型政党制度建立在社会主义民主集中制的基础上，既充分发扬民主，又进行高度集中。在政治协商中，对执政的中国共产党提出的政策和决策，各民主党派和无党派人士可以从不同角度提出各种意见建议，中国共产党通过集思广益，把各种意见建议综合起来，择优从善，形成相应的政策决策，从而实现民主与集中的统一。这既有利于民主党派诉求意愿的充分表达，又有利于形成统一意志；既促进了科学民主决策，又有利于其在工作中的贯彻落实；既避免了相互制约导致的议而不决、决而不行，又防止或减少了因一党独断造成的决策失误，从而成为进行社会治理的高效民主。

利益是人类一切社会活动的动因，也是人民群众美好生活的体现。在资本主义社会，代表不同利益集团的政党，为自身利益最大化相互竞争，彼此倾轧，虽然经常打着人民的名义，但实际上谁也不代表、不维护人民利益。社会主义社会消灭了剥削阶级和剥削制度，为实现、维护和发展人民利益创造了根本前提，坚持走共同富裕的道路，为实现、维护和发展人民利益提供了根本保障。特别是中国共产党根基在人民，血脉在人民，全心全意为人民服务是党的根本宗旨，为中国人民谋幸福、为中华民族谋复兴是党的初心使命。各民主党派、无党派人士的成员作为人民的一部分，参政为民是其基本价值取向。在坚持和发展中国特色社会主义中，中国共产党和各民主党派虽然代表着不同阶级、阶层和社会群体的人民群众，但都崇尚以民为本，致力改善民生，维护、实现和发展人民利益。这既是中国特色社会主义的最高价值，也是中国新型政党制度的根本价值取向。

始终坚持人民利益至上。集中代表、维护和实现一定阶级或阶层的利益是政党和政党制度的本质属性，但不同性质的政党和政党制度代表和实现的利益是不同的。资本主义国家竞争性政党制度是为资产阶级利益服务的，政党为了维护自身利益而不惜损害国家和人民利益，美国的“政党分赃制”就是真实的写照。为了对本党成员和支持者给予奖励和回报，竞选获胜的执政党往往将政府职位作为“战利品”分给有功之臣。“政党分赃制”导致国家政局不稳，腐败盛行，政府效率下降。文官制度随之产生，以弥补政党分赃带来的弊端，但并不能从根本上消除竞选后的利益回报。在中国新型政党制度中，中国共产党和各民主党派，都不以本党利益最大化为目标追求，而是把国家富强、人民幸福、中华民族伟大复兴作为政治责任。中国共产党执政，以全心全意为人民服务为宗旨，以实现好、维护好、和发展好最广大人民的根本利益为依归；各民主党派参政，以参政为民为核心理念，既积极反映所联系的阶级、阶层和群体的利益诉求，又为实现和发展人民利益建言献策。中国共产党与各民主党派不谋求党派自身的特殊利益，着力为实现中国人民的整体利益和根本利益而奋斗，体现了中国特色社会主义政党制度的本质内涵和鲜明特色。

致力实现人民群众的美好生活。为人民谋利益，归根到底要落实在改善民生，使人民群众过上美好幸福的生活上。资本主义国家竞争性政党制度是为资产阶级谋利益的，无论是执政党还是在野党，都是不同利益集团的代表，其在政策制定中的激烈博弈，都着眼于为资产阶级不同利益集团增加财富，而不是为广大劳动群众改善生活。纽约大学财富专家、经济学教授爱德华·沃尔夫的调查结果显示，1995 年，占人口总数 5%的人掌握着美国 60.3%的财富；到 2001 年，占人口总数 5%的人仍掌握着美国 59.2%的财富。富有者的财富不断增加的同时，美国的平均实际工资并没有同步增长。布什总统的减税措施，使那些处在财富金字塔塔顶上的人受益。在中国新型政党制度中，坚持一切从人民的利益出发，努力实现人民群众对美好生活的向往，既体现在处于领导和执政地位的中国共产党的宗旨、纲领、政策、决策中，也贯彻于党的全部工作和多党合作中。无论是推翻三座大山，实现翻身解放，还是建设社会主义，推进共同富裕，无论是改革开放，解放和发展生产力，还是脱贫攻坚，实现全面小康，无论是解决回城青年就业问题，还是解决国企下岗职工生活困难，中国共产党与各民主党派都同向发力、尽心竭力，顺从民意，使亿万人民群众的生活水平不断改善、全面提高。新中国成立后，全国居民人均可支配收入从 1956 年的 98 元、1978 年的 171 元，增加到 2018 年的 28 228 元；社会保障不断完善，2018 年末，基本养老保险覆盖超过 9 亿人，医疗保险覆盖超过 13 亿人，基本实现全民医保。

统筹实现各方面人民利益的综合平衡。资本主义社会自由竞争，形成了富人、贫民和中间阶层，两极分化、贫富悬殊，使社会矛盾不断加剧。在中国特色社会主义社会中，人民既是总体的，又是具体的，人民利益既包括全体人民的共同利益，也包括不同阶级、阶层、群体和不同领域的人民的具体利益。改革开放后，随着社会主义市场经济的发展和新的社会阶层和群体的产生，社会利益格局发生了新的分化组合，呈现出利益主体多元化、利益差别扩大化、利益矛盾复杂化的发展态势。中国新型政党制度提供了一种有效的利益协调机制。各民主党派和无党派人士利用联系广泛的社会基础，深入调查研究，通过协商议政和民主监督渠道，及时反映社会不同阶级、阶层和群体的利益诉求，提出意见建议；执政的中国共产党立足全局，适时制定、完善和调整相关政策，在经济社会快速发展中统筹兼顾，在利益多元分化中综合平衡，有效避免了一些阶层群体的利益需求难以满足而出现利益冲突，有效防止了利益两极分化导致的社会撕裂，使各方面人民群众各尽所能、各得其所，实现了整体利益和群体利益、根本利益和现实利益的有机统一，保持了社会的稳定和谐。

坚持中国共产党领导

坚持中国共产党领导，是中国新型政党制度的根本特征，也是其与资本主义国家竞争性政党制度的根本区别。1954 年，毛泽东同缅甸总理吴努谈话时说：“中国也有各种党派和团体。中国的各种党派是有差别的，并不是在一个水平上，有领导和被领导的分别。中国各民主党派承认中国共产党的领导。”

领导关系是普遍存在的一种关系，是在共同活动中产生和发展起来的。在人类社会中，有社会共同体就有领导关系，有集体协同行动就有领导行为。在西方多党制中，各政党作为独立政党平等竞争，不承认政党之间有领导关系，也没有一个党公开声明接受另一个党的领导，但这并不能排除在国家政治生活中事实上存在的领导关系。一个党在竞选中获胜成为执政党，就在事实上成为国家的领导者；在野党（反对党）承认选举结果，就在事实上承认执政党在国家政治、经济和社会生活中的领导作用。在政党合作中，多党存在意味着多个政治主体的汇聚与并立，如果没有集中有力的领导，进行有效的多党合作是不可能的。所以，问题不在于是否需要领导，关键是由谁来领导。

在我国新型政党制度中，有中国共产党和 8 个民主党派，为什么由中国共产党领导呢？从中国近现代历史看，农民阶级领导的太平天国运动，资产阶级领导的辛亥革命，结果都失败了。领导中国新民主主义和社会主义革命的重任，历史性地落到了工人阶级先锋队——中国共产党的肩上。

从中国共产党自身看，中国共产党是中国工人阶级的先锋队，同时是中国人民和中华民族的先锋队，以马克思列宁主义、毛泽东思想、邓小平理论、“三个代表”重要思想、科学发展观、习近平新时代中国特色社会主义思想为行动指南，代表中国先进生产力的发展要求，代表中国先进文化的前进方向，代表中国最广大人民的根本利益。中国共产党坚持全面加强党的思想建设、政治建设、组织建设、作风建设、纪律建设、制度建设和执政能力建设，不断提高党自我净化、自我完善、自我革新、自我提高的能力，始终保持党的先进性和纯洁性，具有政治领导力、思想引领力、群众组织力、社会号召力。

从中国共产党的领导实践看，中国共产党 1921 年成立后，不仅勇敢地担负起领导的责任，而且找到了正确的革命道路，制定了正确的路线方针政策，团结和带领人民取得了新民主主义革命、社会主义革命和建设、改革开放事业和建设中国特色社会主义的伟大胜利，极大改变了中国的面貌、中华民族的面貌、中国人民的面貌，中华民族迎来了从站起来、富起来到强起来的伟大飞跃，中华民族以崭新姿态屹立于世界的东方！正如习近平总书记指出的：“没有中国共产党，就没有新中国，就没有中华民族伟大复兴。”

中国各民主党派在新民主主义革命时期，是民族资产阶级和城市小资产阶级及其知识分子的政治代表。它们虽然具有一定的革命性和进步性，但在全国人口中的比重很小，必须借助其他阶级的力量来实现自身的发展目标，特别是民族资产阶级的软弱性和动摇性，使其难以承担领导中国革命并走向胜利的重任。社会主义制度建立后，特别是改革开放以来，民主党派是以知识分子为主体的一部分社会主义劳动者、社会主义事业的建设者和拥护社会主义的爱国者的政治联盟。虽然它们也以马克思列宁主义、毛泽东思想、邓小平理论、“三个代表”重要思想、科学发展观、习近平新时代中国特色社会主义思想为指导，是建设中国特色社会主义的重要政治力量，但其仅仅是“一部分”，难以从全局和整体上代表最广大人民群众的利益，领导和推进中国特色社会主义事业的发展。历史的发展也是这样，各民主党派正是在中国共产党领导下，在与中国共产党的团结合作中，走上了新民主主义和社会主义道路，成为中国共产党的亲密友党，进而成为中国特色社会主义参政党，在中国革命、建设、改革和新时代的实践中作出了重要贡献。

中国近现代历史发展和中国共产党、各民主党派的性质作用，使中国共产党具备了无可争辩的领导资格，奠定了中国共产党领导合法性的坚实基础，也构成了各民主党派等党外人士接受中国共产党领导的基本理由和政治自觉。民建先贤胡厥文说，我接受中国共产党的领导，不是平白无故的，可以说是我自己总结几十年亲身经历得出的结论。民进领导人马叙伦临终的政治遗嘱是，只有跟着共产党走，才是在正道上行。2017年，各民主党派又产生了新一届领导人，坚持中国共产党领导成为政治交接的重要内容和优良传统，得到继承发扬。民革中央主席万鄂湘说，民革前辈选择接受中国共产党领导，为实现中华民族伟大复兴而不懈奋斗，这是民革永不动摇的初心，也是民革70多年不断传承的立党之本。各民主党派都把坚持中国共产党的领导写入自己的章程，作为合作共事、发挥作用的基本政治准则。

上述论证充分说明，中国共产党领导不是自封的，也不是强加的，而是由近现代中国历史和现实条件决定的，是包括各民主党派、无党派人士在内的全体中国人民的共同选择。它不需要像西方通过周期性选举成为执政党来确立，而是在中国共产党保持先进性和纯洁性的基础上，作为重要政治共识和政治原则，在中国社会和多党合作中长期起作用。

在中国新型政党制度中，各民主党派具有组织独立性和法律地位平等性，接受中国共产党领导，还是独立的政党吗？还有党际关系平等吗？这就涉及中国共产党领导的性质问题。中国共产党对民主党派的领导不是组织领导，而是政治领导，即政治原则、政治方向和重大方针政策的领导。政治领导的内涵和实质，就是中国共产党确定的政治目标和道路，提出的必须遵守的政治规范，解决重大问题的方针政策。这是多党合作的政治遵循和实践要求，也要以此对民主党派进行政治凝聚和政治引领，不断形成和增进政治共识，始终保持多党合作的政治方向，不断推进共同目标、共同事业的实现。

这种政治领导建立在党际关系平等、充分尊重民主党派组织独立性的基础上。各民主党派与中国共产党虽然性质不同、组织规模不同、职能作用不同，但都是独立的政党，都以宪法作为活动的根本准则。在国家政治生活和多党合作中，中国共产党虽然居于领导地位，但民主党派享有宪法规定的权利和义务范围内的政治自由、组织独立和法律地位平等。各民主党派接受共产党的领导，不是组织上对共产党的附属，而是对共产党政治主张的赞同，是对共产党领导能力与执政水平的肯定，是对在共产党领导下可以实现其政治意愿和利益的确认。民主党派履行参政议政职能，在不违背宪法和多党合作政治基础的前提下，民主党派组织和成员可以在人大、政协的提案、议案和会议发言中，在政治协商和民主监督中，在各种大众媒体中，公开发表自己的意见建议。

不干涉、包揽内部事务，是尊重民主党派的组织独立性的主要体现。李维汉指出，中国共产党对民主党派的政治领导，应当经过宣传工作和政治协商，使它们自愿接受党的政治主张，从而确定自己的政治行动，而绝不意味着我们党有超越它们之上的权力，可以把它们作为附属团体，任意地命令、干涉和控制它们。1954 年，大区一级行政机构撤销和若干省、市的建制合并，各民主党派的一部分地方组织发生调整机构和重新安排主要负责人的问题。中共中央统战部专门下发文件，强调民主党派组织和人事问题，应只从方针原则上加以协助，不可过分干涉。《中共中央关于坚持和完善中国共产党领导的多党合作和政治协商制度的意见》进一步明确，支持民主党派独立自主地处理自己内部事务。为了使民主党派能够独立自主地处理自己的内部事务，习近平总书记把“提高解决自身问题的能力”作为新时代民主党派能力建设的重要内容，切实加以推进。

中国共产党对民主党派的政治领导不是强迫服从，而是寓于同民主党派的民主协商之中。毛泽东在新民主主义革命时期就指出：“所谓领导权，不是要一天到晚当作口号去高喊，也不是盛气凌人地要人家服从我们，而是以党的正确政策和自己的模范工作，说服和教育党外人士，使他们愿意接受我们的建议。”2005 年，《中共中央关于进一步加强中国共产党领导的多党合作和政治协商制度建设的意见》提出：“要善于通过广泛深入的协商和讨论，使中国共产党的主张成为各民主党派的共识。”中国共产党在提出、形成、确定和贯彻政治主张过程中，既要与各民主党派进行充分协商和讨论交流，做好必要的沟通、说明和解释工作，又要认真听取和吸纳民主党派提出的意见建议，使其建立在发扬民主、形成和增进政治共识的基础上。

针对民主党派成员的思想状况，中国共产党通过做好思想政治工作，有针对性地进行政治引领，这是实现政治领导的重要保证。新中国成立后，在由新民主主义向社会主义转变的过程中，为了使民主党派和党外知识分子适应新社会新制度，过好社会主义这一关，中国共产党开展了学习改造运动。中共中央领导人通过多种方式与各民主党派和党外知识分子面对面座谈交流，进行思想引导。1951年9月，周恩来为北京、天津高等学校教师学习会作报告，结合个人在革命中学习改造进步的经历，勉励大家决心改造自己，从民族立场进一步到人民立场，更进一步到工人阶级立场，为国家服务，为我们的民族和美好未来，为全人类光明的前途服务。针对实行人民代表大会制度后，民主党派成员怎样才能被选为人民代表问题，周恩来与民革三中全会扩大会议代表交流说："应该把普选看作是检查工作和考验干部的机会，不要为选举而选举，不要采取资产阶级竞选那一套。"强调："能不能选得上决定于人民的态度，如果你工作做得好，人民当然会选你。"中国共产党这些深入、具体、生动的思想政治工作，凝聚、增进和扩大了思想政治共识，使党的领导转化为推进社会发展的共同实践。

民主党派接受中国共产党领导，是否会造成被动，影响其在社会政治生活中作用的发挥？中国共产党领导的多党合作的长期实践对此作出明确回答：就是注重发挥民主党派的主动性和主体作用，并贯穿中国共产党领导的全过程。1949年8月，美国国务院发表《美国与中国的关系》白皮书，把颠覆新中国的"梦想"寄托在发展"民主个人主义"上。民建在《人民日报》发表《加强内部团结和警惕，答告美帝好梦做不成》的声明，揭露和驳斥了美帝国主义企图利用"民主个人主义者"颠覆人民革命的阴谋，指出"中国民族资产阶级不会变成美帝工具"，宣告“只有新民主主义，才是它唯一的光明幸福的道路”。毛泽东当即致信黄炎培，称赞：“民建发言人对白皮书的声明写得极好，这对于民族资产阶级的教育作用当是极大的。民建的这一类文件（生动的积极的有原则的有前途的有希望的），当使民建建立自己的主动性，而这种主动性是一个政党必不可少的。”[①]《中共中央关于进一步加强中国共产党领导的多党合作和政治协商制度建设的意见》强调，要充分发挥民主党派的参政议政和民主监督作用。2019 年，《中共中央关于加强中国特色社会主义参政党建设的意见》进一步提出，发挥民主党派主体作用，并作为加强中国特色社会主义参政党建设的重要原则，为民主党派在中国共产党领导下，更好发挥参政党作用开辟了更加广阔的天地。

搭建履行职能作用的广阔平台，是中国共产党积极为民主党派发挥主动性和主体作用创造条件的集中体现。毛泽东指出：“须使党外人士有职有权，敢于说话，敢于负责。”邓小平提出：“我们热诚地希望各民主党派和工商联都以主人翁的态度，关心国家大事，热心社会主义事业，就国家的大政方针和各方面的工作，勇敢地、负责地发表意见，提出建议和批评，做我们党的诤友，共同把国家的事情办好。”习近平总书记希望民主党派和无党派人士继续发挥人才荟萃、智力密集的优势，紧紧围绕全面深化改革的重大问题，在深入开展调研的基

---

① 中共中央文献研究室．毛泽东书信选集．北京：中央文献出版社，2003：307.

础上，提出具有前瞻性、战略性、可操作性的意见和建议。中共中央有关文件对民主党派和无党派人士履行职能作用，从内容、形式和保障上作出明确规范，要求：中共党委和政府要积极支持民主党派和无党派人士就全局性和战略性问题进行有组织的考察调研，也可委托民主党派就有关问题进行考察调研。对民主党派和无党派人士的调研成果，要认真研究并反馈情况。党的十八大以来，中共中央每年都要召开 4 次协商座谈会，由习近平总书记主持，各民主党派中央主席、无党派代表人士参加，就经济政治社会发展重大问题进行协商，充分听取民主党派意见建议。这既促进了科学民主决策，也调动了各民主党派、无党派人士参政议政的积极性。

支持民主党派加强理论建设，是中国共产党积极为民主党派发挥主动性和主体作用创造条件的基础工程。民主党派作为同中国共产党长期合作的参政党，要在多党合作中发挥作用、体现价值，必须具有自己的理论。新中国成立时，毛泽东在给民建领导人黄炎培的信中，就鼓励他们建立自己的理论。习近平总书记在中国特色社会主义新时代指出，“要深化理论研究，认真总结参政党建设经验，把握参政党建设规律”。改革开放后，随着多党合作制度化、规范化建设，中国共产党在加强自身理论研究和创新的同时，也积极支持民主党派加强理论研究和建设，在科学理论指导下，总结历史经验、传承优良传统，从民主党派的性质、特点和任务出发，着眼参政党功能作用的充分发挥和多党合作的坚持完善，探索构建中国特色社会主义参政党的理论体系。各民主党派中央都建立了理论研究机构，形成了理论研究的课题制度、考核奖励制度、队伍建设制度和经费保障制度，围绕什么是参政党、建设一个什么样的参政党、如何建设参政党，吸收统一战线系统、有关专家学者共同开展研究，形成了《中国的参政党》等一批专著和大量专题研究文章，在参政党建设的指导思想、目标任务、重要原则、核心价值和实践途径等方面，形成了一批重要成果，为民主党派发挥主动性、展示新作为提供了理论指导和精神动力。

支持协助民主党派实行“三自”方针，进行自我教育，是中国共产党积极为民主党派发挥主动性和主体作用创造条件的重要方面。1959 年 12 月，民建第二次全国代表大会和全国工商联第三届会员代表大会预备会议同时在北京召开。中共中央统战部部长李维汉会前和会中多次与民建、工商联领导人座谈，建议他们采取中共在延安整风时创造的和风细雨的办法，实行“自己提出问题，自己分析问题，自己解决问题”的“三自”方针，在讨论发言中不打棍子、不扣帽子、不揪辫子，会议开得生动活泼，令人心情舒畅，取得良好效果。1960 年夏天，民革、民盟、民进、农工党、九三学社和致公党分别召开中央全会扩大会议，都采用了这个方针，从而增强了为社会主义服务的积极性和进行自我教育的积极性。改革开放后，民主党派的自我教育进一步发展升华。2016 年 7 月 1 日，习近平总书记在庆祝中国共产党成立 95 周年大会上，深刻阐述了“不忘初心、继续前进”的理念。各民主党派结合学习贯彻习近平总书记“七一”重要讲话精神，深入思考与中国共产党合作的本来、现在和未来，启动了“不忘合作初心，继续携手前进”专题教育活动。各民主党派中央紧扣活动主题，把重温多党合作历史、继承多党合作优良传统作为“不忘初心”的核心内容和“携手前进”的精神动力，采取组织主题宣讲和主题培训、将旧址陈列馆打造为学习活动载体、举办口述历史座谈会、开展“走多党合作之路”活动、举行优良传统互动式巡回讲座、进行会史溯源和实践路径研究等多种方式，使广大民主党派成员深刻体会先辈崇高的革命信仰、救国救民的不懈追求、豪迈的人生情怀，更加准确地把握“初心”的底蕴和内涵，在新的历史起点上进一步凝聚政治共识，在道路、方向、目标上形成统一意志，共同把中国特色社会主义事业推向前进。

实践证明，各民主党派在多党合作中，没有因为接受中国共产党领导而丧失组织独立性，影响其参政党功能作用发挥和价值实现，而是合作有了正确方向，参政有了目标路径，发展有了光明前途，自身建设有了切实保障，形成了彼此尊重、相互支持，各居其位、各尽所能，相辅相成、整体推进的政治局面。

民主党派是中国特色社会主义参政党

在中国新型政党制度中，民主党派在国家政权中的基本定位是什么，与中国共产党是什么关系？《中共中央关于坚持和完善中国共产党领导的多党合作和政治协商制度的意见》指出："我国是人民民主专政的社会主义国家。中国共产党是社会主义事业的领导核心，是执政党。各民主党派是各自所联系的一部分社会主义劳动者和一部分拥护社会主义的爱国者的政治联盟，是接受中国共产党领导的，同中共通力合作、共同致力于社会主义事业的亲密友党，是参政党。"参政党的性质定位，明确了民主党派在国家政权中的地位作用和与执政的中国共产党的关系，是其性质与特点、历史与现实、作用与贡献的深刻概括和集中反映，具有深厚的历史底蕴和深刻的政治内涵，是一种完全不同于多党制和一党制的政党性质、职能、作用的新的政党类型。

民主党派成为参政党，反映了近代中国新民主主义革命发展的客观规律。毛泽东指出："在中国社会的各阶级中，农民是工人阶级的坚固的同盟军，城市小资产阶级也是可靠的同盟军，民族资产阶级则是在一定时期中和一定程度上的同盟军，这是现代中国革命的历史所已经证明了的根本规律之一。"这个根本规律决定了在新民主主义革命中，中国共产党作为中国工人阶级的先锋队，必然成为中国革命的领导者，中国各民主党派作为中国民族资产阶级、城市小资产阶级及其知识分子的政治代表，必然是中国共产党的同盟者；决定了中国共产党领导的新民主主义革命的目标和前途，既不同于西方资产阶级革命，也不同于苏联的无产阶级专政，而是无产阶级领导的各革命阶级联合专政，即人民民主专政。这个人民政权建立后，作为领导者的中国共产党就成为执政党，作为同盟者的民主党派就成为参政党。这是中国近现代社会历史发展的必然。

民主党派成为参政党，反映了其性质特点和历史进步。中国民主党派在新民主主义革命时期的社会基础是民族资产阶级、城市小资产阶级及其知识分子，既有一定的革命性和进步性，又有一定的软弱性和妥协性。在与中国共产党团结合作、共同推进新民主主义革命的斗争中，加深了对中国革命性质、目标和前途的认识，放弃了建立资产阶级多党议会制度的幻想。1948 年，各民主党派积极响应“五一口号”，自觉选择了中国共产党的领导，走上了新民主主义道路。新中国成立后，各民主党派逐步认识和接受社会主义，支持配合对资本主义工商业进行社会主义改造，建立社会主义制度，参加社会主义建设。改革开放后，积极为促进改革、发展、稳定建言献策，为建设中国特色社会主义贡献力量。民主党派的历史性进步，在中国革命、建设、改革和新时代的实践中发挥的重要作用，成为中国共产党必须与之合作的基本理由，也成为其作为参政党的历史根据和现实基础。

民主党派成为参政党，反映了多党合作的内在要求。中国共产党成立后，实行多党合作始终是中国共产党的基本战略。在 1922 年党的第二次全国代表大会决议案中，就明确提出了政党合作问题，大革命时期和抗日战争时期，中国共产党两次与中国国民党进行合作。第二次国共合作破裂后，又与各民主党派、无党派人士一起创建了中国共产党领导的多党合作和政治协商制度。多党合作是广泛的、全方位的，既有政治上的合作，就是中国共产党和各民主党派就中国政治、经济、文化和社会发展中的重大问题，进行政治协商和互相监督；又有政权中的合作，就是民主党派成员和无党派人士参加国家政权和国家事务管理，在人大、政府和司法机关担任领导职务，与中国共产党在国家政权中共事。这形成了中国多党合作制度的基本特征："共产党领导、多党派合作，共产党执政、多党派参政。"

中国民主党派是参政党，决定了中国共产党在国家政权中长期执政，而不是各党派轮流执政；民主党派是国家政治体制和政权结构中的政治实体，同中国共产党长期合作、参政议政，而不是在野党、反对党；中国共产党与各民主党派的关系是执政党与参政党携手同心、协力共进的关系，而不是执政党与在野党、反对党彼此对立、互相倾轧的关系。各民主党派作为参政党参加国家政权和参与国家事务管理，既不同于在野党、反对党，也不同于西方多党制中联合执政或参与执政的党，更不是所谓的亚执政党。这是我国民主党派的鲜明特色，是中国新型政党制度的独特优势，也是多党合作制度作为政治文明新形态的一个重要体现。

民主党派作为参政党，具有什么样的基本职能呢？1949 年中国新型政党制度确立之前，民主党派作为革命党，主要是开展爱国民主运动，反对国民党一党独裁。新中国成立后，民主党派的职能随着在国家政治生活中作用的发挥逐渐明确，不断丰富完善。20 世纪 50 年代主要是"参、代、监、改"：参，就是参加国家事务管理，参与国家重大问题的协商、决定和执行；代，就是代表它们所联系的阶级、阶层的利益，反映它们的意见和要求；监，就是在国家政治生活中，对共产党和国家机关的工作进行监督，提出批评和建议；改，就是推动和帮助民主党派组织各自成员学习马列主义理论和时事政策，进行自我教育和自我提高。改革开放后，《中共中央关于坚持和完善中国共产党领导的多党合作和政治协商制度的意见》，明确了民主党派参政的基本点："参加国家政权，参与国家大政方针和国家领导人选的协商，参与国家事务的管理，参与国家方针、政策、法律、法规的制定执行。"《中共中央关于进一步加强中国共产党领导的多党合作和政治协商制度建设的意见》强调，要充分发挥民主党派和无党派人士的参政议政和民主监督作用。2020 年，《中国共产党统一战线工作条例》将民主党派的基本职能规范为："参政议政、民主监督、参加中国共产党领导的政治协商。"

参政议政是民主党派的重要职能，也是民主党派作为参政党的内在要求。主要体现在 6 个方面：（1）民主党派成员和无党派人士在国家政权中发挥参政作用。保证民主党派成员和无党派人士在各级人大代表、人大常委会和人大专门委员会中占有适当比例，在各级人大领导班子成员中有适当数量。（2）民主党派成员和无党派人士担任国家和政府领导职务。县级以上地方政府选配民主党派成员或无党派人士担任领导职务；各级法院、检察院选配符合任职条件的民主党派成员和无党派人士担任领导职务。(3) 充分发挥民主党派成员和无党派人士在人民政协中的作用。保证民主党派成员和无党派人士在各级政协中占有较大比例，民主党派可以以本党派名义在政协大会上发表意见和主张、提出提案，自主开展调查研究。(4) 积极参与政府相关工作，就国计民生重大问题提出意见建议。政府及其有关部门可聘请民主党派成员和无党派人士兼职、任顾问或参加咨询机构，也可就某些专题，请民主党派进行调查研究，提出建议。政府有关部门可就专业性问题同民主党派对口协商。政府监察、审计、工商等部门组织的重大案件的调查以及税收等检查，可吸收民主党派成员、无党派人士参加。民主党派和无党派人士就各级政府拟提交人民代表大会审议的政府工作报告、有关重大政策措施和重大建设项目提出意见和建议。(5) 民主党派负责人参加重要外事、内事活动，如作为国家主席特使参加国外庆典活动等。(6) 通过考察调研建言献策。中共党委和政府积极支持民主党派和无党派人士就全局性和战略性问题进行有组织的考察调研，也可委托民主党派就有关问题进行考察调研，充分发挥民主党派和无党派人士在反映社情民意、协调社会关系、维护社会稳定方面的作用。

民主监督作为民主党派的重要职能，从中国新型政党制度形成时就确立了。1956 年，中国共产党提出“长期共存，互相监督”的基本方针，由于中国共产党处于领导和执政地位，更加需要民主党派等党外人士的监督，使民主监督更加重要。《中共中央关于坚持和完善中国共产党领导的多党合作和政治协商制度的意见》明确指出，民主党派的民主监督，是在坚持四项基本原则的基础上，通过提出意见、批评、建议的方式进行的政治监督，是中国社会主义监督体系的重要组成部分。民主监督的内容主要是：国家宪法和法律法规的实施情况，中国共产党和政府重要方针政策的制定和贯彻执行情况，党委依法执政及党员领导干部履行职责、为政清廉等方面的情况。民主监督的主要方式是：在政治协商中提出意见建议；在党委主要负责人召开的专门会议上对党委领导班子及其成员提出意见和建议；对党委党风廉政建设和反腐败工作提出意见和建议；向党委及其职能部门提出书面意见和建议；参加党委有关方针政策、重大决策部署执行和实施情况的检查，参加廉政建设情况检查、其他专项检查和执法监督工作；受党委委托就有关重大问题进行专项监督；民主党派成员、无党派人士中的人大代表在人大会议中提出意见和建议，参加人大及其常委会和各专门委员会组织的有关调查研究；在政协召开的各种会议、组织的视察调研中提出意见，或者以提案等形式提出批评和建议；对人民法院、人民检察院工作提出意见和建议；担任司法机关和政府部门的特约人员参加相关监督检查工作。

民主党派参加中国共产党领导的政治协商，是中国共产党与各民主党派多党合作的基本方式，是实行科学民主决策的重要环节，也是中国共产党加强和改善党的领导、提高执政能力的重要途径。政治协商作为中国共产党同各民主党派和各界代表人士围绕党和国家大政方针、经济社会发展重要问题以及其他重要事项开展的协商，包括政党协商和政协协商。政党协商是中国共产党同各民主党派基于共同的政治目标，就党和国家重大方针政策和重要事务，在决策之前和决策实施之中，直接进行政治协商的重要民主形式。其主要内容包括：（1）中国共产党全国和地方各级代表大会、党中央以及地方党委有关重要文件的制定、修改；（2）宪法的修改建议，有关重要法律的制定、修改建议，有关重要地方性法规的制定、修改建议；（3）关系国民经济和社会发展的有关重大问题；（4）换届时人大常委会、政府、政协领导班子成员和监察委员会主任、法院院长、检察院检察长的建议人选；（5）关系统一战线和多党合作的重大问题。政党协商的基本形式是会议协商、约谈协商和书面协商。政协协商是中国共产党在人民政协同各民主党派和各界代表人士，围绕改革发展稳定重大问题和涉及群众切身利益的实际问题，在决策之前和决策实施之中开展的协商。其主要内容是，列入政协全体会议议程的重要事项，国家大政方针和地方的重要举措以及政治、经济、文化和社会生活中的重要问题，有关统一战线的重要问题。政协协商的基本形式主要有：全体会议、专题议政性常务委员会会议、专题协商会、协商座谈会。民主党派和无党派人士作为政党协商和政协协商的主体，参与各种协商活动。

各民主党派作为参政党与作为执政党的中国共产党共处于多党合作的共同体中，其存在发展和功能作用的发挥，都建立在两者相辅相成的必要条件之上。特别是中国共产党作为执政党，只有积极为民主党派和无党派人士履行职能创造条件，才能充分发挥其参政党作用。中共中央和各级党委，把发挥民主党派参政党作用摆上重要议事日程，统筹部署安排，营造宽松和谐氛围，完善支持保障机制，加强协商能力建设，使民主党派参政党作用和价值在履职尽责中得到充分体现和实现。

在推进共同事业发展中实现参政党的政治诉求。这是民主党派作为现代政党的内在要求，也是为参政党发挥作用创造条件的题中应有之义。在现代政党政治中，政党无不代表和联系着相应的社会阶级、阶层和群体，以实现政治诉求作为政党存在的基本价值。各民主党派作为参政党，承认中国共产党的领导和执政地位，但这并不意味着其没有或放弃政治追求，也不会导致其政党政治功能的丧失。执政党与参政党关系的形成，既反映了民主党派与中国共产党在政治发展目标、方向、原则上的一致性，也说明这些政治目标的实现能够反映、体现和实现民主党派的政治诉求。因此，中国共产党在制定政治纲领、基本路线和方针政策中，在涉及国计民生的重大问题中，在支持民主党派发挥参政党职能作用中，都及时反映民主党派所联系阶层群体的利益、愿望和诉求，着力增进、形成和扩大与民主党派的政治共识。新中国成立以来，中国共产党的全国代表大会的文件、国家重要法律法规和重要发展战略的制定，涉及国计民生的重要政策和重大决策，事先都要通过相应方式征求各民主党派和无党派人士的意见，充分吸纳其正确合理的成分，使参政党的政治愿望和要求，通过政治共识的形成和执政党路线方针政策的贯彻落实同步实现。

拓宽组织发展和作用发挥的空间。这是发挥民主党派参政党作用的重要基础。20 世纪 80 年代末，在东欧波兰、保加利亚等一些社会主义国家，执政的共产党在政治变革中丧失执政地位，其中一个重要原因就是限制合作的民主政党发展组织、扩大影响、发挥作用，仅仅把它们当作贯彻政策的工具、联系社会的桥梁，导致关键时刻失去了支持。中国各民主党派作为参政党，与执政的中国共产党既是政治共同体，也是命运共同体，风雨同舟，荣辱与共。新中国成立初期，中国共产党积极协助各民主党派巩固扩大组织、发展成员。改革开放后，随着经济社会结构的深刻变化，一些民主党派原来的社会基础和政治资源逐渐丧失，中国共产党积极协助调整，为民主党派组织发展注入新的血液。新的社会阶层出现后，中国共产党协助支持各民主党派在新的社会阶层中适当发展成员，使中国特色社会主义事业的建设者成为民主党派的重要构成。民主党派成员由新中国成立初期的 1 万多人，改革开放初期的 6 万多人，发展到 2019 年底的近 130 万人，这为民主党派发挥参政党作用提供了强有力的支撑。

为参政党作用发挥搭建平台。中国共产党有关文件对民主党派成员在人大、政府、司法机关、政协进行政治参与的原则、比例、方式作出了明确规范。中共中央和各省区市把培养选拔党外干部（主要是民主党派成员和无党派代表人士）纳入党和国家干部队伍建设和人才工作的总体规划，拓宽选拔渠道，深化培养教育，加强实践锻炼，共同检查落实，形成有利于党外优秀干部脱颖而出的机制。党外干部的选拔使用，从过去的“科教文卫”拓展到“执法监督部门”，“符合条件的省级民主党派主委、工商联主席、无党派代表人士一般应当进入同级人大常委会、政府、政协领导班子”，“符合条件的党外干部可以担任政府部门（单位）行政正职”。为确保党外领导干部有职有权，《中国共产党统一战线工作条例》规定：“坚持集体领导和个人分工负责相结合，保证党外干部对分管工作享有行政管理的指挥权、处理问题的决定权、人事任免的建议权。”对于海外有评论说中国的民主党派人士在政府任职多是“坐虚位”“无实权”问题，民建中央原主席、全国人大常委会原副委员长成思危说，这不符合实际情况，中国的民主党派不是“政治花瓶”，“在担任化工部副部长的时候，我对自己负责范围内的工作是完全有权作出决策的。作为全国人大常委会副委员长，我负责证券法、农村金融的执法检查。我和中共党籍的副委员长一样，也是独当一面的”。

建立履行职能的支持保障机制。这是体现和实现参政党价值和功能的重要保证。首先，建立健全知情明政机制。中共中央明确要求，国家发改委、财政部、中国人民银行、国家统计局等有关部门，应适时向民主党派中央直接提供有关材料，其他有关部门根据民主党派中央的需要视情提供相关材料；最高人民法院、最高人民检察院和国务院有关部门，应加强同民主党派中央的联系，视情邀请民主党派列席有关工作会议，参加专项调研和检查督导工作；中共中央统战部定期组织专题报告会和情况通报会，邀请有关部门介绍情况。其次，建立健全考察调研机制。中共中央出台关于支持民主党派中央开展重点考察调研的文件，对重点考察调研的选题、内容、形式、程序、成果协商等进行规范，强调抓好“确定调研选题、做好调研准备、开展实地调研、召开调研协商座谈会、报送调研成果”这五个环节，形成了在广泛征求民主党派意见基础上，由中共中央委托，中共中央统战部组织协调，各民主党派中央实施，中央和国家有关部门参与，地方党委和政府提供有力支持的工作机制。最后，建立健全协商反馈机制。为防止民主党派的意见建议得不到有关部门重视，中共中央明确规定，需要办理的协商意见，由中共中央办公厅会同中共中央统战部交付有关部门，办理情况一般在 3 个月内向中共中央办公厅报告，并由中共中央统战部反馈民主党派中央，中共中央办公厅每年对有关部门办理落实情况进行督查，保证民主党派提出的有价值的意见建议被高度重视、积极采纳和推动落实。从而使民主党派的参政党作用在促进国家富强、人民幸福、社会和谐、生态优美、祖国统一，实现中华民族伟大复兴中充分体现出来。

无党派人士是多党合作的重要组成部分

在中国新型政党制度中，多党合作除了中国共产党和各民主党派外，还有无党派人士参与。无党派人士作为多党合作的重要组成部分，在国家政治生活中发挥作用，这是区别于世界其他国家政党制度的一个鲜明特色，也是中国新型政党制度的独特优势。

无党派人士历史上曾称为社会贤达、民主人士、爱国民主人士、无党派民主人士、无党派爱国人士等，2000年，中共中央统战部有关文件统一规范为无党派人士。2020年，《中国共产党统一战线工作条例》对无党派人士的内涵作了界定：无党派人士是指没有参加任何政党、有参政议政愿望和能力、对社会有积极贡献和一定影响的人士，其主体是知识分子。

无党派人士是在新民主主义革命时期特定的历史条件下形成的，是中国社会政治发展的重要力量。近代以来，为了反对帝国主义、封建主义和官僚资本主义，实现民族独立、人民解放和中华振兴，许多志士仁人进行了英勇斗争，并不断掀起爱国民主运动。抗日战争后期，大后方民主人士争取民主的斗争空前活跃。由于民主人士的爱国民主运动受到国民党反动统治的严重压迫，民主人士有的形成组织，建立民主党派；有的因形成组织很困难，只能单枪匹马地和国民党反动派作斗争。其中具有代表性的人物是：一直领导着一支文化大军的郭沫若，在国民党统治下受着严重压迫并进行斗争的马寅初，反抗国民党反动派在北平遭到拘捕的符定一，拒绝为反动政府工作的法学家张志让，在上海一直奋斗的宗教界人士吴耀宗等。

这些无党派人士虽然没有建立组织或加入一个政党，但却团结和领导着很大一批民主人士，联系着许多人进行斗争，具有“群而不党”的特点。由于他们的奋斗和影响，1946 年，国民党召开旧政治协商会议时，不得不允许在中国国民党、中国共产党、民盟、中国青年党以外，从事政治活动的 9 位民主人士作为“社会贤达”参加。

1948 年，中国共产党发布“五一口号”后，无党派人士积极响应，纷纷北上来到解放区，与中国共产党、各民主党派共同筹备召开新政治协商会议，协商建立新中国。1949 年 1 月，郭沫若、符定一等无党派人士与民主党派领导人联名发表《对时局的意见》，明确提出“愿在中共领导下，献其绵薄，共策进行，以期中国人民民主革命之迅速成功，独立、自由、和平、幸福的新中国之早日实现”，表明了无党派人士选择中国共产党领导的政治自觉。

由于无党派人士长期参加民主政治活动，积极为民族独立和人民解放贡献力量，1949 年 6 月，中国人民政治协商会议筹备召开时，无党派人士是由中国共产党、各民主党派、各人民团体组成的 23 个组成单位之一，其代表人士郭沫若、马寅初、张奚若等作为常务委员参加了具体的筹备工作。同年 9 月中国人民政治协商会议召开时，有 12 名多年为民主事业而奋斗的无党派人士的代表参加。在中国人民政治协商会议中，专门设立了无党派人士界别。

随着中国人民政治协商会议的召开、新中国的成立和中国新型政党制度的确立，无党派人士也成为中国共产党领导的多党合作和政治协商制度的基本构成。在多党合作的政治协商、互相监督中，在民主党派考察调研、履行职能中，在作为多党合作重要机构的人民政协的界别中，在参加国家政权、经过法定程序担任国家权力机构的领导干部中，无党派人士都身在其中并积极发挥作用。中国共产党领导的多党合作和政治协商制度，不仅包括中国共产党和各民主党派的合作，也包括中国共产党同无党派人士的合作，要把同无党派人士的合作作为实行中国共产党领导的多党合作和政治协商制度的一个重要内容，长期坚持下去并切实抓好。

无党派人士为什么能够成为多党合作的组成部分？这是由无党派人士的自身性质和特点决定的。周恩来指出，无党派人士是在中国革命的具体历史条件下形成的，他们在形式上没有结成党派，但实质上是有党派性的，是“没有党派组织的有党派性的民主人士”。所以，在筹备召开中国人民政治协商会议时，就把无党派人士作为党派类的代表，单设无党派人士界别。新型政党制度确立后，无党派人士就作为多党合作的重要成员，参照民主党派履行职能。社会主义制度建立特别是改革开放后，无党派人士主要是知识界的党外专家学者，主要分布在科技、教育、文化艺术、医药卫生、企业、政府机关和社会团体、社会中介机构等各领域各方面，他们在所在领域和所联系的社会群体中，具有较大的社会政治影响力，具有较强的参政议政愿望和能力，具有政治上的代表性，能够在社会主义民主政治建设中发挥积极作用。因此，他们同民主党派一样，参加国家政权，参与党和国家重要事务的协商，参与重要方针政策和法律法规的制定执行，成为多党合作的不可分割的重要组成部分和中国特色社会主义民主政治建设的重要力量。

无党派人士作为多党合作的重要构成，扩大了新型政党制度的社会基础。中国共产党和各民主党派作为新型政党制度的主体和重要构成，涵盖了我国范围内的社会主义劳动者、社会主义事业的建设者和拥护社会主义的爱国者，范围十分广泛，但并不能包括所有社会成员。知识分子是中国共产党阶级基础的重要组成部分，也是各民主党派的主体，但一些有社会政治影响、有参政愿望和能力的知识分子并没有加入中国共产党或民主党派，而是无党派人士。他们分布在社会各领域，作为多党合作的重要构成，实质是一种扩大的制度化的政治参与，使中国新型政党制度的社会基础、覆盖面和包容性进一步扩大，政治和社会代表性更加广泛，更加充分地体现了人民民主。

无党派人士作为多党合作的重要构成，增强了民主党派的组织活力。无党派人士和各民主党派的主体都是知识分子，具有共同的政治目标、政治方向、政治原则和职能作用，所以虽然他们是与中国共产党合作共事的不同政治主体，但具有相互贯通的内在联系。由于多种原因，在组织发展、代表人士培养和领导班子建设中，民主党派缺乏高层次人才、领导班子主要成员特别是领袖人物。而一些具有较大社会政治影响和较高参政议政能力的无党派代表人士，出于民主党派领导班子建设需求，或多党合作现实需要，会适时加入民主党派，逐步成为民主党派中央和地方领导班子成员。与中国共产党长期合作共事的经历，与民主党派履行职能相知相通的共性，担任党外领导干部的实践经验，使其成为领导班子成员后，能够很快熟悉适应新的环境，发挥组织领导作用。农工党原中央主席陈竺就是曾经的无党派代表人士。目前，民主党派中央主席、副主席，地方省市民主党派主委、副主委中，都有来源于无党派代表人士的。从这个意义上讲，无党派人士既是多党合作中一支独立的重要力量，也是各民主党派领导班子建设的重要后备力量。

无党派人士作为多党合作的重要构成，进一步提升了新型政党制度的效能。中国新型政党制度的优势和效能主要在于合作、和谐、合力。无党派人士分布领域广、知识层次高、专业造诣深、社会影响大，作为多党合作的重要组成部分，参与政治协商，积极参政议政，开展民主监督，有利于扩大有序政治参与，把各种社会力量纳入政治体制，形成推进社会发展的强大合力；有利于更广泛有效地反映社会各方面群体和成员的利益、愿望和诉求，畅通和拓宽社会利益表达渠道，协调利益关系，促进社会和谐发展；有利于在建设中国特色社会主义大目标下，促进社会政治资源的优化配置，形成更广泛的政治认同，广纳民意，广集众智，广求良策，促进决策的科学化民主化，抵制和克服官僚主义、形式主义和各种消极腐败现象，实现社会的有效整合和治理。

这里需要说明的是，无党派人士来源于知识分子，又区别于知识分子，不能把无党派人士与党外知识分子画等号。党外知识分子一般都没有参加任何政党，其中一些人对社会也有积极贡献和一定影响，但与无党派人士的性质和特点仍有显著不同。党外知识分子包括没有加入中国共产党和民主党派的知识分子，无党派人士则是其中有参政议政愿望和能力、对社会有积极贡献和一定影响的人士；党外知识分子参政，属于公民权利范围内的一般政治参与，无党派人士则是多党合作制度内的政治参与；党外知识分子的影响主要是学术领域，无党派人士则主要在社会政治领域。这里的本质区别就在于，无党派人士具有党派性，而党外知识分子是普通公民。只有充分认识无党派人士的党派性，才能准确把握无党派人士区别于一般党外知识分子的原则界限，才能把无党派人士的特点、优势和作用充分发挥出来。

中国共产党历来重视加强与无党派人士的团结合作，在多党合作中充分发挥他们的作用。毛泽东在新民主主义革命时期就指出，“共产党人必须和其他党派及无党派人士多商量”。社会主义制度确立后，中国共产党在第八次全国代表大会关于政治报告的决议中指出，“必须按照长期共存、互相监督的方针，继续加强同各民主党派和无党派民主人士的合作”。改革开放后，中共中央有关多党合作的重要文件，都对发挥无党派人士重要作用提出明确要求。《中共中央关于进一步加强中国共产党领导的多党合作和政治协商制度建设的意见》指出：“发挥无党派人士的作用是坚持和完善中国共产党领导的多党合作和政治协商制度的必然要求。”“应充分发挥无党派人士的自身优势，鼓励和支持无党派人士在参政议政、民主监督中发挥积极作用。”《中国共产党统一战线工作条例》要求：“支持无党派人士加强自身建设。”“为无党派人士履行职责提供必要保障。”这充分调动了无党派人士的积极性和创造性，使之在中国政治、经济、社会生活中积极发挥重要作用。

吸收无党派人士参加国家政权，扩大人民民主专政的社会基础。新中国成立时，中央人民政府除吸收各民主党派成员参加外，还有 4 名无党派人士当选为中央人民政府委员；政务院所属部、委、署、院等机构中，有 9 名无党派人士担任领导职务，其中郭沫若担任政务院副总理、文化教育委员会主任、中国科学院院长，李书城担任农业部部长，马寅初除担任政务院财政经济委员会副主任外，还担任华东军政委员会副主席。1954 年人民代表大会制度建立后，无党派人士中有 1 名担任全国人大常务委员会副委员长，有 7 名担任国务院所属部、委、署、院、局领导职务。之后每届全国人大常务委员会，国务院所属部、委、署、院、局，都有若干名无党派人士担任领导职务。2007 年，十届全国人大常委会第二十八次会议决定，无党派人士陈竺担任卫生部部长，成为改革开放后无党派人士担任的第一个中央政府部门正职。截至 2019 年，有 500 多名无党派人士担任全国人大代表、全国政协委员，其中全国人大、全国政协常委 31 名，专委会副主任 6 名，有 16 名无党派代表人士担任省部级领导干部职务。

鼓励无党派人士投身中国革命、建设、改革和新时代的事业，为实现中华民族伟大复兴中国梦尽心竭力。无党派人士人才济济、智力密集，是国家发展的重要资源。新中国成立后，中国共产党统筹兼顾、合理安排，使他们各得其所、各展其才。国家筹建中央文史研究馆，安排一批全国知名的饱学博识之士从事文史研究，毛泽东邀请无党派人士符定一出任馆长。无党派人士张奚若，1952 年 9 月继马叙伦之后出任新中国的第二任教育部部长，为贯彻党的教育方针和促进国家教育事业的发展呕心沥血、多有建树。改革开放以来，无党派人士中一大批为国奉献的优秀和尖端人才脱颖而出。无党派人士袁隆平毕生致力于杂交水稻技术的研究、应用与推广，发明"三系法"籼型杂交水稻，成功研究出"两系法"杂交水稻，创建了超级杂交稻技术体系，为我国粮食安全、农业科学发展和世界粮食供给作出杰出贡献，被誉为"杂交水稻之父"，2019 年被授予"共和国勋章"。

集中无党派人士的智慧，优化政策决策。全国无党派人士考察调研是受中共中央委托、列入中央政党协商计划的重要政治活动。针对无党派人士"有影响、无组织"的特点，从 2003 年开始，中共中央统战部每年围绕一个重大问题，组织无党派代表人士进行考察调研，并形成了包括题目确认、成员构成、学习动员、协调配合、分工负责、成果转化、工作总结等内容的无党派人士考察调研制度。2011 年起，中共中央统战部组织党外院士专家服务团，先后赴 10 省区开展"西部行、高校行、企业行”等活动，开展学术讲座、技术指导、产业帮扶。中共中央统战部还吸收百余名无党派人士参加，建立了10个建言献策专家组，就经济社会发展重大问题提出意见建议。仅2019年，建言献策专家组就向中共中央报送书面建议近20篇。各省市普遍建立党外知识分子联谊会，为无党派人士发挥参政议政作用搭建平台。无党派人士提出的政策建议，得到中共中央和地方党委、政府的高度重视，促进了科学民主决策，推动了一系列实际问题的解决。

培养选拔新一代无党派代表人士，薪火相传、事业永续。无党派人士的存在发展和作用发挥，关键在于形成有影响的代表人士，并在新老交替中得到传承发展。进入改革开放和社会主义现代化建设新时期、中国特色社会主义新时代，老一辈无党派人士逐步退出历史舞台，中国共产党把培养选拔使用新一代无党派代表人士作为无党派人士工作的战略任务，明确标准、把握方向，健全机制、形成制度，建设基地、抓好培训，突出重点、增进共识，选贤任能、安排使用，不断推进新一代无党派代表人士培养的制度化、规范化。按照政治素质强、专业造诣深、群众基础好的标准，选拔和培养了袁隆平、林毅夫、郭雷、胡四一、苏士澍、孙其信、包信和、吕建、李稻葵等一大批新一代无党派代表人士。从中央到地方，建立了一批无党派人士名单，并实行年度滚动管理，形成了一支综合素质好、年龄结构合理、数量适当、有较大代表性和社会影响的无党派人士队伍，在多党合作和国家经济、政治、社会、文化生活中稳定发挥作用。

三、中国新型政党制度的功能作用

一定的政治体制和政治结构，必然产生相应的政治功能。中国新型政党制度根植于中国特色社会主义制度，是人民当家作主制度体系的重要组成部分，是社会主义民主政治的重要体现。中国新型政党制度具有不同于竞争性、专制性政党制度的性质、结构和特点。这就决定了中国新型政党制度在中国政治生活、政治实践和政治发展中，具有不同于竞争性、专制性政党制度的特色、价值和功能。虽然它也具有现代政党制度的一般性质和特点，但它却能彰显不同的特殊价值和作用。这是中国实行的中国共产党领导的多党合作和政治协商制度的新型政党制度的特点和优势，也是作为政治文明新形态的一个重要体现。

扩大有序政治参与

人民的政治参与是政治体系获得认同、支持等合法性和有效性的重要途径，是人民民主的基本要素和内在要求。没有人民的政治参与，人民民主、人民统治、人民当家作主、人民管理国家事务，就是一句空话。从某种意义上讲，人民参与的广度与深度，直接决定着人民民主实现的程度。现代民主的本质，就在于创造合理的人民政治参与的秩序，最大限度实现人民当家作主的要求。

政党制度作为现代民主的产物，是实现人民政治参与的组织形式和政治保障。但在不同性质的政党制度下，人民政治参与的特点、方式和程度是不同的。多党竞争的政党制度的政治参与，虽然实行全民普选，但建立在政党竞争的基础上，执政党利用执政权进行最大限度的政治参与，在野党的政治参与往往受到打压和限制，特别是民众的政治参与主要在选举过程之中，选举后就进入休眠期，被排除在国家的政治运作之外，实际上只是一种形式上的参与。由执政党的执政参与、在野党（反对党）的议会参与、民众的选举参与构成的政治参与，具有很大的局限性，是一种不充分的人民政治参与。一党专制的政党制度的政治参与，建立在一党独霸的基础上，执政党垄断政治资源和国家权力，一党体系外的政党、团体受到限制、打压和镇压，即使进行大选，也是执政党进行运作、控制选举，很难对其执政地位构成挑战，人民的政治参与过程往往成为实现一党独霸政权的合法性过程，是一种很有限的政治参与。中国新型政党制度源于中国共产党和各民主党派、无党派人士共同致力革命、建设、改革和新时代的事业，基于人民民主专政的国体和人民代表大会制度的政体，建立在政党合作的基础上，深深嵌入国家政治、经济、社会、文化生活的方方面面，从而推动形成了各方面人民共同的、立体的、全方位的有序政治参与。

在共同推进中国特色社会主义共同事业中扩大有序政治参与。人民的政治参与不仅仅是参加选举，还要实际参加关系前途命运和人民根本利益的国家政治发展的实践过程。在中国近现代史上，这个政治实践和过程，就是建设中国特色社会主义的共同事业。这是人民群众共同奋斗的政治目标、政治任务和政治方向，是中国共产党与各民主党派和无党派人士多党合作的政治基础，也是最基本的政治参与。在新民主主义革命时期，通过中国共产党与各民主党派、无党派人士的团结合作，工人阶级、农民阶级、城市小资产阶级、民族资产阶级共同为推翻帝国主义、封建主义、官僚资本主义统治，建立新中国而奋斗。在社会主义革命和建设时期，通过中国共产党与各民主党派、无党派人士的团结合作，各阶级、各阶层、各团体、各民族人民在中国共产党领导下，进行土地改革，抗美援朝，对资本主义工商业进行社会主义改造，成功建立了社会主义公有制。在改革开放和社会主义现代化建设新时期，通过中国共产党与各民主党派、无党派人士的团结合作，全体社会主义劳动者、社会主义事业的建设者、拥护社会主义的爱国者，成为深化改革、加快发展、维护稳定、实现和谐、全面建设小康社会的参与者、实践者和推进者。在中国特色社会主义新时代，通过中国共产党与各民主党派、无党派人士的团结合作，各方面社会成员共同坚持和发展中国特色社会主义，共同决战决胜全面建成小康社会，共同建设社会主义现代化强国，努力实现中华民族伟大复兴中国梦。这是实现共同政治目标和任务的全程参与，是社会主义事业的实际参与，也是最广大人民群众的全员参与，并在政治参与中改变了自己的命运、国家的命运和中华民族的命运。

在共同进行人民政权建设中扩大有序政治参与。政权是革命的根本问题，也是实现人民当家作主的保障。人民通过选举产生国家权力机关，代表人民行使国家权力，实现对国家事务的管理。没有人民政权，就没有人民对国家权力的行使，更谈不上人民当家作主。因此，人民政治参与的根本是参加国家政权、参与国家事务的管理。在现代社会实行代议制民主的条件下，在多元政治发展中，构成人民政权的必须是各个方面的人民代表，切实体现以人民为主体，否则就是名义或形式上的。不同于多党竞争的政党制度对在野党（反对党）的限制打压，也不同于一党专制的政党制度对本党外政治力量的一概排除，中国共产党领导的多党合作和政治协商制度的新型政党制度能够广泛吸收执政党之外的政党、团体和社会群体参加国家政权，把各种社会力量纳入政治体制，为各方面人民群众参加国家政权搭建了广阔平台。新中国成立时，民主党派和无党派人士等党外人士作为人民政权的重要构成，在中央和地方政府担任领导职务。据统计，有 100 多人分别在中央人民政府委员会、政务院及各部委、革命军事委员会、最高人民法院和最高人民检察署，省级地方人民政府担任领导职务。新中国成立后，毛泽东强调："民主党派是联系小资产阶级、资产阶级的，政权中要有他们的代表才行。"建立人民代表大会制度时，中共中央有关文件明确，对各民主党派、无党派人士等各方面党外人士，应从全国人民代表大会，省、市人民代表大会，省、市人民政府委员会等方面，通盘考虑，适当安排。在省、市人民代表大会中，党外人士在总额中的比例，分别可占到30%和35%。1954年第一届全国人民代表大会召开后，民主党派和无党派人士中，有6人担任副委员长，50多人在国务院及部委担任领导职务，2人在最高人民法院分别担任副院长、副庭长，43人在省级人民政府担任领导职务①。从此，国家各级政权，无论是国家的权力机关、立法机关，还是行政机关、司法机关，都吸收一定比例的民主党派成员、无党派人士等党外人士参与。由于各民主党派都联系着相应的阶级、阶层和社会群体，它们参加国家政权，既扩大了各方面人民的政治参与，又巩固和扩大了人民民主政权的基础，更加体现了人民政权的性质。

在共同参与国家事务管理中扩大有序政治参与。政治参与的实质是参与国家事务的管理。在幅员辽阔、人口巨多的大型现代国家，一般民众不可能都直接参与到政策决策制定机构的

① 《新中国统一战线六十年大事记》编辑组．新中国统一战线六十年大事记：1949—2009. 北京：华文出版社，2009.

具体实施之中。国家事务的管理，既要通过民众周期性选举投票选出代表组成国家权力机关的直接参与，还要通过民众经常性影响法律政策制定的间接参与。特别是法律政策的制定，是治国理政的决定因素，也是政治参与的本质体现。多党竞争的政党制度的人民政治参与，主要体现在选举投票、游行示威等直接政治参与之中，法律政策制定往往是执政党与在野党（反对党）的零和博弈，一般民众难以参与，也无实质性的影响。一党专制的政党制度下法律政策的制定，都在执政党的控制之下，一般民众基本排除在外。中国共产党领导的多党合作和政治协商制度的新型政党制度，通过多党合作体制和机制的运行，尽可能使各方面各领域人民群众代表参与到经常性的党和国家制定法律政策、作出重要决策的运行过程之中。中国共产党作为执政党在治国理政中，坚持协商于决策之前，无论是制定重要政策，还是作出重大决策，都要事先与各民主党派、无党派人士协商，听取他们的意见建议，并形成了定期和不定期的会议协商、书面协商、约谈协商的协商形式，创造了双周协商座谈会的经常性协商形式。民主党派作为参政党，一方面，各民主党派、无党派人士中的人大代表，在国家权力机关、行政机关、司法机关的领导干部，依法行使职责，直接参与国家事务的管理；另一方面，通过各民主党派的组织系统和合作渠道，充分反映各党派成员和所联系阶级、阶层、群体等社会成员的诉求，在政党协商、政协协商中提出意见建议，促进和优化执政党和政府法律政策的制定和落实。这种多党合作机制和决策机制，使各民主党派、无党派人士以及所联系的社会成员，既能通过选举投票进行直接政治参与，又能通过多党合作系统经常性输送和反映意见诉求、促进科学民主决策进行间接政治参与，使人民的政治参与更加丰富充实，更具有实质性意义。

统筹调节多元利益

利益分化与多元是人类社会的本质特征，也是推动社会发展进步的重要动力。如何调节和平衡各方面的利益关系，是改革发展的基本条件，是社会和谐的内在要求，也是治国理政的重要任务和永恒课题。

政党是在一定阶级和阶层的基础上形成的，其存在发展自然要反映和代表这些阶级阶层的利益。这就决定了反映政党地位、职能和关系的政治系统的政党制度，必然是社会利益关系的调节者和实现者。不同性质的政党制度，调节、平衡利益关系的特点和方式是不同的。因为多党竞争的政党制度本身就是利益矛盾不可调和的产物，所以其对利益的调节和平衡很难通过全局统筹、相互协商来实现，只能围绕国家法律、公共政策的制定和实施进行政治博弈，难以实现互利共赢的结果。一党专制的政党制度中，执政党独占社会各种资源，利益调节建立在有利于本党利益的基础上，以维护和实现一党独霸的利益格局。中国新型政党制度中的中国共产党、各民主党派和无党派人士既是一个政治共同体，也是一个利益共同体，致力共同目标构成了多党合作的共同利益，代表、反映和维护相关阶级、阶层和团体利益构成了各党派的自身利益。在推进革命、建设、改革和新时代的事业发展中，中国共产党作为执政党，既要维护、实现和发展人民的根本利益，又要尊重、照顾和维护同盟者的自身利益。各民主党派作为参政党，既要反映所联系阶级、阶层和社会群众的利益，也要维护和实现国家的整体利益和人民的根本利益。因此，中国共产党领导的多党合作和政治协商制度的新型政党制度在利益调节和平衡中，既不同于多党竞争的政党制度，围绕国家法律和公共政策的制定实施进行激烈博弈，尽可能实现政党及所联系的社会群体利益的最大化，也不同于一党专制的政党制度，将本党利益凌驾于国家和民众利益之上，而是以维护、实现和发展人民利益为核心要义，以照顾同盟者利益为政策原则，统筹全局利益与局部利益、整体利益与群体利益、长远利益与眼前利益，在制定和实施相关法律、政策中，通过沟通交流、充分协商，凝聚共识、消除分歧，兼顾各方、各得其所，在促进共同利益、整体利益实现中维护和实现社会各方面、各群体的利益。

多角度多渠道反映社会各方面的利益诉求。中国是一个人口众多的社会主义大国，存在不同的阶级、阶层和社会群体，人民内部在根本利益一致的基础上存在着具体利益的矛盾和差别。特别是在深化改革和建立社会主义市场经济的过程中，利益格局深刻调整，利益关系错综复杂，利益矛盾更加突出。畅通和拓宽社会利益表达渠道，使各方面的利益诉求通过制度化渠道有序地反映到政治体系中来，是利益表达、调节和实现的首要前提。不了解各社会群体各自的利益需求，不清楚相互之间的联系与区别，不明白利益矛盾的关节点所在，利益调节和平衡就是“盲人骑瞎马，夜半临深池”，就会“剪不断，理还乱”。在新型政党制度中，中国共产党与各民主党派、无党派人士具有广泛的社会基础，涵盖了中国社会各阶级、各阶层、各民族和社会各方面成员，他们的利益诉求能够通过相应的政党得到反映，通过多党合作机制进入国家的政治系统和政策系统。中国共产党与各民主党派、无党派人士的多党合作关系，还能使一些特定的特殊的社会成员的利益诉求，通过民主党派和无党派人士从不同角度反映出来，使其在革命、建设、改革和新时代的发展进程中得到及时表达，为制定完善政策奠定了坚实基础，使他们的合法利益得到切实维护。

1952年，中共中央开展“五反”运动（反对资产阶级行贿、偷税漏税、盗骗国家财产、偷工减料、盗窃国家经济情报），但一些地方和单位出现了简单粗暴的做法，乱抓资本家进行审讯和逼供，有的还提出“打老虎”，使一些工商业者受到伤害。时任民建中央主任委员的黄炎培经过调查研究，及时把情况向毛泽东反映，中共中央及时指示各地纠正这些做法，并在运动后期对有些定性不当和退补不实的问题，重新进行了实事求是的处理。1983年3月，重庆市长寿县发生了毒打侮辱教师的事件，民进中央主席周建人、副主席叶圣陶联名致函中共中央办公厅，要求严肃处理，同时致函《光明日报》，呼吁全社会尊重教师合法权益。事件最终得到圆满处理，教师的人身安全和正当权益得到全社会的空前关注。

自身与整体利益的双重表达和维护。现代社会中，每个公民、群体、阶层都是一个特殊的利益主体，其利益综合构成国家和社会的整体利益。自身利益与整体利益的矛盾，是利益关系中的一个经常性的矛盾，也是促进经济社会发展的内在动力。在中国共产党领导的多党合作和政治协商制度的新型政党制度中，中国共产党以为中国人民谋幸福、为中华民族谋复兴为初心和使命，在利益表达中既要反映和维护工人阶级、农民阶级等劳动群众的利益，也要照顾和维护作为同盟者的其他方面人民群众的利益，从而促进国家和社会的整体利益实现。

新中国成立后进行的土地制度改革，是消灭封建剥削制度，广大农民翻身解放，实现中国工业化的必要步骤。民主党派和无党派人士中一部分人同地主阶级和土地有着千丝万缕的联系，其中一些人本身就是地主兼工商业者，一些人是从地主阶级中分化出来的，他们的自身利益同土地制度改革的国家利益、农民利益存在矛盾，因而流露出“和平土改”的主张，甚至还对土改抱有抵触情绪。在土地制度改革中，刘少奇在全国政协全体会议上作了《关于土地改革问题的报告》，系统说明土地改革的必要性、正义性和有关方针政策，号召民主党派、无党派人士等各界人士同情农民、帮助农民、支持土地改革。中国共产党多次与民主党派协商座谈，沟通思想、交换意见，在《共同纲领》的基础上统一认识，并下发《中共中央关于在土改和镇反中对高级民主人士家属照顾和宽大处理的规定》，强调对于新中国成立前已经参加反蒋斗争，已经与我们合作的民主人士特别是高级民主人士，在土改中必须有意地予以特殊的照顾或宽大处理，绝不可不加区别地把他们与一般反动地主一样对待。各民主党派都发布了拥护、支持土改运动的指示和决议，一些出身大地主的党派成员表示，无保留地献出所有的土地，分给农民。在协商取得民主党派同意后，中央还组织民主党派成员和无党派人士参加、参观和视察土改工作，既帮助农民进行翻身斗争，又发现和纠正土改工作中的缺点偏差，从而减少了土改运动的阻力，使这一深刻的社会变革得以顺利完成。

各民主党派作为一部分社会主义劳动者、社会主义事业建设者和拥护社会主义事业的爱国者的政治联盟，与中国共产党共同致力中国特色社会主义事业，在利益表达中既要反映自身成员和所联系的特定的社会阶层和群体的利益，也要发挥自身优势，维护国家和人民的整体利益。主要由归侨、侨眷中的中上层人士组成的致公党，在1949年中国人民政治协商会议召开期间，提出了被称为政协历史上第一件民主党派提出的提案，即《由中央人民政府研究和实行护侨政策案》。新中国成立后，多次反映华侨中一些人在土改中被错划为地富成分、没收房产等，协助政府解决。改革开放后，又积极协助党和政府落实侨务政策，解决平反冤假错案遗留问题、住房困难、工资待遇、离休退休、夫妇两地分居、子女升学就业、下放返调、出国出境探亲等问题，维护侨胞的合法权益和正当利益。同时，积极利用侨胞资源，以“侨”为“桥”，积极为国家现代化建设引进资金、技术和人才，仅1988年到1997年，就协助引进7.8亿港元、14.1亿美元。此外，还配合国家外交部门，积极与未建交国家开展民间外交活动，截至2015年，已经与世界五大洲60多个国家和地区的华侨华人居住国建立了友好联系，大大拓展了我国对外交往和国家发展空间。

在反映和维护所联系阶级、阶层和群体利益中，民主党派既反映他们的实际困难和利益诉求，又协助党和政府克服他们的弱点和不足，调动他们为国家和人民作贡献的积极性。1953年4月，民建了解到工商界在生产经营中存在一些困难和问题，一些私营工商业者也出现了不同程度的不法行为和不服从国营经济领导的情况。对此，民建一方面向中共中央提出了关于私营工商业问题和解决办法的建议，另一方面向民建各地组织发函，“加紧号召成员首先严格检查自己，在私营工商业界起骨干带头作用”，协助调整好公私关系、劳资关系，在国民经济恢复和发展中发挥了积极作用。中国共产党领导的多党合作和政治协商制度的新型政党制度的利益的双重表达和维护，为解决自身利益和整体利益的矛盾，在实现共同利益中实现自身利益，解决自身问题与发挥自身作用，找到了一个结合点和平衡点，为实现互利共赢创造了良好条件。

统筹兼顾调节利益关系。利益表达和调节的重点是处理整体利益与群体利益和不同社会群众之间利益的矛盾，目的是实现利益平衡、社会和谐和共同发展。这是一个十分复杂和艰难的过程。任何公理只要触犯了人们的利益，都会遭到反对和抵制。任何社会利益关系不平衡，都会引发矛盾和冲突。我国改革发展需要重点破解的难题，就是如何进行合理的利益调整和分配，在稳定和谐中实现经济社会发展。中国共产党领导的多党合作和政治协商制度的新型政党制度的机制，为实现利益协调和平衡提供了有力杠杆。中国共产党作为执政党，能够根据社会进步要求，准确把握时代发展脉搏，立足全局，统筹兼顾，制定正确的利益分配原则和政策规范，全面推进落实；各民主党派作为参政党，能够在坚持政治基础、致力共同事业的基础上，服务大局，自我教育，既以自身利益服务国家整体利益和人民根本利益，又以自身优势促进国家整体利益和人民根本利益，从而做到服务大局、统筹兼顾，各得其所、互利共赢。

建立和发展社会主义市场经济，收入分配差距拉大，增强了经济发展的活力，也增加了社会群体之间的利益矛盾，如不能妥善处理，不仅影响政治稳定与社会和谐，还会导致两极分化，造成社会动荡。在这一实践过程中，中国共产党与各民主党派、无党派人士在建立社会主义市场经济体制、保持社会和谐稳定、实现共同富裕这些根本政治问题上不断形成和增进政治共识，共同破解遇到的矛盾和问题。中国共产党发挥执政党作用，坚定不移地推进经济体制改革，转变政府职能，扩大企业自主权，让市场在资源配置中发挥决定性作用，及时制定政策法规调整社会各群体的利益关系，在经济高速发展中实现利益平衡；各民主党派充分发挥参政党职能，积极贯彻党和政府的决策部署，及时向中共中央和政府部门反映党派成员及所联系群众的利益诉求，提出意见建议，并就改革发展中的共同性、深层次的利益问题，积极建言献策，提供助力。

实现收入分配公平，是协调利益关系、解决利益矛盾的核心问题，也是社会和谐稳定和可持续发展的基石。各民主党派在参政议政和民主监督中，对实现收入分配公平公正进行专题调研，从不同角度以不同方式提出意见、批评和建议，与中共党委和政府共同破解这个难题。2010 年，受中共中央委托，民盟中央以“完善收入分配机制，促进社会和谐发展”为主题，到广东、上海、河南、贵州等地进行调研和专题研讨，形成《关于完善收入分配机制，促进社会和谐发展的建议》，报送中共中央、国务院。胡锦涛、温家宝等中央领导分别作出重要批示，国家发改委牵头，中央组织部、中央统战部、公安部、监察部、民政部、财政部、人力资源和社会保障部、农业部、卫生部、国资委、国家税务总局、国家统计局、全国总工会这十四家的有关领导参加，就完善收入分配机制相关问题研究落实。中共中央提出基本建立覆盖城乡居民的社会保障体系后，各民主党派又围绕这个问题进行调研，从不同角度向中共中央、国务院提出意见建议。正是多党合作的功能机制，使我国在坚持和发展社会主义市场经济中，形成了共建共享的利益格局，避免了收入分配两极分化，在社会和谐稳定中促进了经济快速发展。

中国新型政党制度形成的这样一种利益反映、表达和调节机制，能够全面及时反映社会各方面成员的利益诉求，完整准确、畅通无阻地进入国家的政治系统，在政治协商、政策完善、法律制定的政治过程中，统筹兼顾，各得其所，互利共赢，从而保证了利益综合平衡和合理分配，维护了社会的公平正义，实现了整体利益与群体利益的有机统一。

有效进行社会整合

社会整合是社会发展的前提。现代社会是一个由各种社会群体和政治力量构成的综合性系统，他们既因共同的信念、利益、需求和目标不可分割地联系在一起，又因具体不同的思想观念、宗教信仰、种姓制度、利益追求和发展需要而产生矛盾、分歧和冲突，是一致性与多样性的有机统一。

政党制度作为现代国家政治体制的重要组成部分，集组织动员、政治引领、利益协调、执政或参政于一身，在社会整合中具有其他社会群体和组织不可比拟的作用。但不同性质和类型的政党制度中，社会整合的特点、方式和效能则各不相同。多党竞争的政党制度建立在竞争的基础上，并与周期性的选举制度、联邦或共和的国家结构形式相结合，虽然对资本主义制度的共同维护消除了意识形态的对立和斗争，立法权、行政权、司法权的相互制约维持了国家权力平衡，周期性选举和执政地位定期轮换实现了不满情绪的释放和政治资源整合，但由于政党组织的松散、治国理政不同策略的博弈、政治形态上的地方主义，社会不同群体的利益冲突、政见分歧和社会矛盾难以解决，进而导致政治极化和社会撕裂，甚至造成政府关门歇业。一党专制的政党制度由一党独占社会政治资源，能够最大限度对社会进行动员、组织和整合，形成统一行动，但它潜藏着极大的危险和弊端，只适合相对稳定的经济体制和阶级结构，特别是对国家权力的垄断缺乏有效的监督，必然导致严重腐败，产生凌驾于各阶级阶层之上的既得利益集团，丧失社会公信力，引起社会矛盾激化和政治危机。

中国是超大规模的社会，在近现代革命、建设、改革和新时代的事业发展中，具有结构性变迁的复杂性和多维性、变革的艰难性和渐进性、变革过程中矛盾的复杂性和整合资源的艰巨性。中国共产党领导的多党合作和政治协商制度的新型政党制度在社会整合中，不同于多党竞争的政党制度和一党专制的政党制度，既不是权力制约、利益博弈、内耗严重的整合，也不是独占权力和资源、压制其他政党和社会群体、具有极大弊端和危险的整合，而是以中国共产党的坚强领导为前提和保证，以与各民主党派和无党派人士的广泛合作为内容和特征，以政治资源的合理优化配置为途径和方式，与人民民主专政的国家政权和社会主义民主政治相结合，在中国特色社会主义的大目标下，形成高度的政治认同，凝聚社会不同阶级、阶层和群体的力量，调动各方面的积极性和创造性，从而形成强大高效的社会整合力。

以强化领导核心奠定社会整合的基石。在中国这样一个地域辽阔的发展中大国，要把十几亿人的思想统一起来，把社会各方面力量凝聚起来，为实现共同日标团结奋斗，必须有一个坚强的领导核心，否则就容易陷入混乱、冲突和动荡之中。这个领导核心就是中国共产党。中国共产党是以马克思主义中国化科学理论武装起来的政党，能够为国家富强、人民幸福、民族振兴指明前进方向，找到正确道路；以全心全意为人民服务为宗旨，没有自己的特殊利益，为人民利益矢志奋斗、流血牺牲、无私奉献，能够得到人民群众的拥护和信赖；坚持全面从严治党，自我革命，消除一切损害党的先进性和纯洁性的因素，清除一切侵蚀党的健康肌体的病毒，从而具有强大的政治领导力、思想引领力、群众组织力、社会号召力，能够成为时代先锋、民族脊梁、国家柱石。中国近现代史证明，有了中国共产党领导，中国一盘散沙、四分五裂的局面就结束了。在中国共产党领导下，建立了社会主义制度，实现了历史上最伟大最深刻的社会变革；开启改革开放和社会主义现代化建设新时期，为中华民族伟大复兴提供了充满活力的体制保证和快速发展的物质条件；进入中国特色社会主义新时代，全面建成小康社会，实现了第一个百年奋斗目标，中国人民迎来了从站起来、富起来到强起来的历史飞跃。正如习近平总书记指出的："中国特色社会主义最本质的特征是中国共产党领导，中国特色社会主义制度的最大优势是中国共产党领导。"在中国特色社会主义新时代，中国这个超大型社会面临世界百年未有之大变局，在前进道路上充满艰难险阻和风险挑战，有效进行社会整合，形成海内外中华儿女共同致力中华民族伟大复兴的政治局面，中国共产党领导仍然是最根本的保证。

中国共产党领导的多党合作和政治协商制度的新型政党制度，是在中国共产党领导和推动下建立起来的，又是在中国共产党领导下坚持、完善和发展的。中国共产党领导是新型政党制度与生俱来的基因，是多党合作的政治基础和政治原则。中国共产党与各民主党派、无党派人士团结合作、协商议政，致力共同事业的过程，既是贯彻落实中国共产党的政治主张、实现中国共产党领导的过程，也是整合全社会力量，实现党的初心使命和目标任务的过程。中国共产党在多党合作中居于领导地位，强化了中国共产党在各种政治力量和全国人民中的领导核心地位，提高了社会群体维护中国共产党领导的政治自觉。各民主党派、无党派人士参加政治协商，提出意见建议，进行民主监督，有利于中国共产党保持清醒头脑，科学民主决策，加强、改善和优化党的领导，从而使中国共产党成为广泛团结全体社会主义劳动者、社会主义事业的建设者、拥护社会主义的爱国者、拥护祖国统一和实现中华民族伟大复兴爱国者的同心圆的“圆心”，成为社会各方面力量整合和致力发展共同事业的“定盘星”。

以凝聚政治共识形成社会整合的导向和合力。任何社会都存在不同政治力量，任何时期都具有不同的政治方向。把这些不同社会群体整合起来，暂存、化解或消除相互之间的矛盾和分歧，为实现共同事业协力奋斗，是国家发展、人民幸福、民族振兴的必然要求，也是进行社会整合的根本任务和主要内容。而要把不同的社会群体联合起来，形成推进社会变革和发展的合力，向既定的目标和方向前进，最重要的就是凝聚政治共识。所谓政治共识，就是不同社会群体在国家和社会发展的目标、方向、路径、原则等方面形成的共同认识。在现代多元社会，没有基本的政治共识，社会就没有团结和谐，国家就没有统一稳定，社会整合就没有基础和力量。抗日战争时期，中国社会之所以形成了地不分南北、人不分老幼，举国上下一致抗日的局面，取得了中国人民反对帝国主义侵略的第一个完全胜利，一个基本的前提就是中国共产党与中国国民党在抗日上形成了政治共识，实行了第二次国共合作。

在新型政党制度中，中国共产党与各民主党派的团结合作建立在牢固的政治基础之上，这个政治基础就是在中国革命、建设、改革和新时代的事业发展中凝聚形成的最基本的政治共识。新民主主义革命时期，在民族独立、人民解放、民主政治上形成了政治共识；新中国成立后，在中国共产党领导、建设社会主义上形成了政治共识；改革开放和社会主义现代化建设新时期、中国特色社会主义新时代，在坚持和发展中国特色社会主义，实现中华民族伟大复兴中国梦上形成了政治共识。这种政治共识，既是致力共同事业的动力，也是社会整合的合力。中国共产党在多党合作中居于领导和执政地位，各民主党派是中国特色社会主义参政党，因此，多党合作中形成的政治共识，不仅对各民主党派、无党派人士具有政治指引作用，对全社会也具有政治导向作用。新中国成立初期，美国出兵对朝鲜内战进行武装干涉，中国共产党作出抗美援朝、保家卫国的决策，并与各民主党派、无党派人士形成政治共识，联合发表宣言，对动员各社会群体共同开展抗美援朝运动，为保卫和建设新中国而奋斗，发挥了引领和促进作用。中国共产党与各民主党派具有广泛的社会基础，各自联系着社会不同的阶级、阶层和群体，多党合作中形成的政治共识，能够通过社会联系渠道扩散到社会各个群体，促进和形成全社会的共识，凝聚推进社会发展的合力。在由新民主主义社会向社会主义社会转变过程中，中国共产党作出对资本主义工商业进行社会主义改造的决策，并通过协商沟通与各民主党派达成基本共识。各民主党派分别召开会议、下发文件，要求成员和所联系的社会群体，协助国家完成社会主义改造。民建中央与全国工商联、全国妇联联合召开会议，动员组织工商业者家属、女工商业者在社会主义改造中发挥积极作用。从而形成中国共产党领导下，工人阶级、民族资产阶级成员共同推进社会主义改造的强大社会合力。

以开发利用政治资源构筑社会整合的格局。社会整合说到底就是国家的有效治理。现代社会是多元发展，国家治理是多元共治。所谓多元，包括对象构成多元、利益诉求多元、价值理念多元、治理主体多元等；所谓共治，是政党、政府、社会、市场、企业等多种力量对相关事务协同治理的状态。要将相关社会群体和成员吸纳进国家治理过程中，充分发挥他们参与治理活动的积极性主动性，最基本的就是发挥中国特色社会主义制度优势，形成多元参与、共建共治的治理格局。

任何一种政治制度功能作用的实现，都离不开系统内政治资源的合理配置和开发利用。中国共产党领导的多党合作和政治协商制度的新型政党制度本身就是巨大的政治资源，在多党合作中既能开发和整合社会的政治资源，又能优化配置和有效地利用自身政治资源。中国共产党和各民主党派组织成员及所联系的阶级、阶层和群体，是社会整合和治理的重要主体和力量；中国共产党和各民主党派的组织结构与相应的社会群体的联系，能够为社会的动员、整合和治理发挥基础性作用；中国共产党作为执政党，与作为参政党的各民主党派以及无党派人士的合作，进行社会政治资源的合理配置，构建了社会各方面政治力量共同整合、共同建设、共同治理的基本格局。在多党合作过程中，通过政党协商、政策制定和制度完善，各民主党派拥有与其参政党地位、性质和作用相匹配的政治职位、政治权利和各类人才；为适应经济社会结构的深刻变化、行业领域改革带来人才分布的新格局，将民主党派干部的培养使用及其人才资源的可持续发展纳为相关政策制定的重要内容，形成了与时俱进的党和国家干部与人才的合理布局；密切民主党派的社会联系，支持民主党派负责人和无党派人士在全国工商联、中华职教社、欧美同学会、和平统一促进会、全国台联、中华海外联谊会、光彩事业促进会、知识分子联谊会、新的社会阶层人士联谊会等社会团体担任或兼任领导职务，在社会整合中发挥积极作用；协助民主党派加强中国特色社会主义参政党建设，全面提高政治把握、参政议政、合作共事、组织领导、解决自身问题的能力，切实做到政治坚强、组织坚实、履职有力、作风优良、制度完善，使其成为中国共产党的好参谋、好帮手、好同事。多党合作对政治资源的开发利用和优化配置，既实现了不同政党政治力量的有效整合和不同政党社会基础的相应整合，巩固和发展了多党合作的政治格局，同时也以参政党参政能力和合作整体水平的提高增强社会整合和治理能力，以执政党与参政党的团结合作将社会关系调整到最佳状态，以执政党与参政党的社会联系和合作机制促进社会共建共治格局的形成，从而能够最大限度地减少社会整合和治理成本，最大限度地提高社会整合和治理成效。

合作性民主监督

监督是现代民主的要素，也是民主的保障。在代议制中，人民将国家权力交给自己的代表来行使，一切有权力的人都容易滥用权力，而权力的滥用必然导致腐败。要保证权力行使符合人民的意志，实现人民利益，就必须受到监督。如何进行有效监督？多党竞争的政党制度中，监督主要体现为议会对政党把持的政府进行质询和弹劾，实质是在野党（反对党）与执政党的互相制约，也是在野党（反对党）把执政党搞下去的重要手段，不仅使广大民众的意愿难以体现，而且导致行政效率低下。在一党专制的政党制度中，执政党唯我独尊，缺乏监督，对出现的各种批评、反对意见往往置之不理，甚至进行打压，切实有效的监督只是一种奢望。

中国共产党领导的多党合作和政治协商制度的新型政党制度中，监督既是中国共产党与各民主党派的互相监督，又是民主党派和无党派人士的重要职能。由于中国共产党处于领导和执政地位，互相监督主要是民主党派监督中国共产党。这种监督作为高层次的政治监督，建立在长期合作、推进共同事业发展的基础上，并与执政党的党内监督、国家机关监督、司法监督、群众监督、舆论监督相贯通，是社会主义监督体系的重要组成部分。它以坚持和改善中国共产党领导为政治导向，以促进科学民主决策为重要价值，以建议、批评、协商为基本方式，是一种有益于多党合作和政治协商的建设性监督。

促进执政党正确行使权力。这是民主党派履行民主监督职能的本质体现。中国共产党作为中国特色社会主义的领导核心和执政党，集领导权、执政权于一身，是最高政治领导力量。邓小平指出，我们党是执政的党，威信很高。我们大量的干部居于领导地位。在中国来说，谁有资格犯大错误？就是中国共产党。犯了错误影响也最大。党要领导得好，就要不断地克服主观主义、官僚主义、宗派主义，就要受监督。习近平总书记指出，把权力关进制度的笼子里，让权力在阳光下运行，要健全权力运行制约和监督体系。2016 年《中国共产党党内监督条例》强调："重视民主党派和无党派人士提出的意见、批评、建议，完善知情、沟通、反馈、落实等机制。”因此，中国共产党如何为人民掌好权用好权，就成为维护、实现、发展人民利益的核心问题，也是各民主党派、无党派人士进行民主监督的要旨。

在中国共产党领导的多党合作和政治协商制度的新型政党制度中，各民主党派、无党派人士对中国共产党的民主监督，并不是单纯地对权力的制约，而是着眼执政党领导和执政权的正确行使，既在合理合法运用权力上积极支持，又在防止权力的滥用、消除和防止各种腐败上积极发挥制约作用。如中国共产党在革命、建设、改革和新时代的事业发展中，作出的土地改革、抗美援朝、对资本主义工商业进行社会主义改造、改革开放、建立社会主义市场经济、加强自主创新、坚持两个“毫不动摇”、高质量发展、全面建成小康社会、脱贫攻坚、举国抗疫等重大决策，各民主党派和无党派人士在协商议政中积极支持，献计出力，并对实践中出现的问题提出意见、批评和建议，使其更好地落实落地。同时，对中国共产党领导和执政中出现的官僚主义、形式主义，选人用人上的不正之风，党员领导干部以权谋私、权钱交易等腐败现象，提出批评意见和改进建议。随着社会主义市场经济的发展，中国共产党在干部选拔任用上出现了不正之风和腐败问题。农工党中央组成课题组，对建立健全干部选拔机制问题进行专题调研，就“建立确保任人唯贤的领导干部选拔机制”提出意见建议，中共中央组织部高度重视，表示积极吸收这些建议进行改进。各民主党派和无党派人士着眼权力的正确使用而开展的民主监督，使人民赋予执政党的权力能更好地为人民谋幸福、为中华民族谋复兴。

助力执政党更好执政兴国、执政为民。中国共产党作为社会主义中国的执政党，肩负着坚持和发展中国特色社会主义，实现中国人民对美好生活的期待，实现中华民族伟大复兴中国梦的重任。因此，对执政的中国共产党的监督，不是一般工作和具体事务的监督，更不是政党之间争权夺利的相互制约，而是在坚持四项基本原则的基础上，着眼国家富强、民生改善、社会和谐、人民幸福，对涉及国计民生的重大问题和人民群众切身利益的现实问题，通过政党协商，参政议政，在人大、政协提出议案提案等方式，提出意见、批评和建议，促进实现国家的良政和善治。

在中国共产党领导的多党合作和政治协商制度的新型政党制度中，民主党派与中国共产党的关系不是执政党与在野党、反对党的竞争制约关系，而是执政党与参政党协力同心、致力共同事业发展的合作关系。因此，各民主党派和无党派人士对中国共产党的监督，不是对执政党进行限制、制约和反对，更不是把执政党搞下去，而是帮助执政党完善政策、科学决策，纠正偏差、减少失误，防范风险、应对挑战，更好地执政兴国、执政为民。由于“共产党总是从一个角度看问题，民主党派就可以从另一个角度看问题，出主意。这样，反映的问题更多，处理问题会更全面，对下决心会更有利，制定的方针政策会比较恰当”，执政的中国共产党主动将国家重要法律法规的制定、涉及国计民生重要政策的出台、重大改革举措的实施和社会治理中的重大问题，如国企改革、脱贫攻坚、乡村振兴、社会保障、政府职能转变、环境污染防治等，通过多种方式请各民主党派参与和监督。各民主党派把参与和监督作为履行参政党职能的政治责任，在深入调研和论证的基础上，认真提出意见、批评和建议，以促进政策和决策的完善和落实。

京津冀是全国大气污染最严重的地区，也是全国资源与发展矛盾最尖锐的地区。2014 年，“京津冀协同发展”上升为国家战略，京津冀经济社会协同发展和污染治理正式开启。民革中央把“京津冀能源结构调整”作为重点调研课题，邀请 3 位中国工程院院士和中共中央统战部、国家发改委、国家能源局、环保部、中石化有关负责人及专家参加，到京津冀三地进行实地调研，形成《关于京津冀协同发展中能源结构调整问题的调研报告》，报送中共中央、国务院。习近平、李克强、俞正声、张高丽等领导同志作了重要批示，国家发改委、科技部、工信部、财政部等有关部门对报告所提建议作了认真研究，积极推动落实。环保部制定出台《民用煤燃烧污染综合治理技术指南（试行）》，北京市制定了三年整治行动方案，天津市修订了《工业和民用煤质量》地方标准，河北省出台了《河北省农村散煤治理专项实施方案》，京津冀协同发展和污染治理出现了新局面。

以民主监督的“柔性”发挥建设性作用。在世界不同国家的监督中，监督主要是行使国家权力的“刚性”监督，如议会依照法定程序审理违宪事件的宪法监督，通过质询、弹劾对政府及官员的行政监督。我国人大对宪法实施的监督，对政府的监督，对国民经济和社会发展计划、国家预算的监督，也属于“刚性”监督。中国新型政党制度中民主党派、无党派人士的监督，不是行使国家权力的“刚性”监督，而是以提出意见、批评、建议为基本方式的非权力的“柔性”监督。它不是靠说了算，而是靠说得对；它不具有权威性，但却有影响力；它既能以批评意见和建议的合理性对党和政府政策决策的制定实施发挥优化、纠偏和防错作用，又能以这种监督不具有强制性和约束力的“柔性”，对政策决策制定和执行避免造成干预，有利于提高执政和行政效率。

中国共产党真诚自觉接受监督为发挥“柔性”监督作用创造了基本前提。由于“柔性”监督缺乏“刚性”监督的权威性和约束力，处于领导、执政地位的中国共产党和政府成员，如果接受监督的意识不强、态度不正，听不进逆耳之言，容不下尖锐批评，不接受不同意见，这种“柔性”监督很容易流于形式、走了过场，成为“说了也白说”。在民主监督过程中，毛泽东深刻指出，我们要依靠广大劳动人民的监督来克服缺点和错误，还应当借助于各民主党派和无党派民主人士的批评来克服缺点和错误。他们的批评能够引起注意问题的所在，使我们能够及时地解决这方面发生的问题。习近平总书记明确要求，党员干部要“习惯在受监督和约束的环境中工作生活”。中共中央要求各级党委、政府和党的领导干部，增强接受监督的意识，充分发扬民主，努力营造宽松和谐的政治环境，闻过则喜，从善如流，使民主党派、无党派人士反映的真实情况、提出的真知灼见、进行的真切批评，成为制定政策、作出决策、改进作风不可或缺的“清醒剂”和“营养液”。各民主党派和无党派人士努力提高监督质量，加大参与力度，深入实际调研，多方进行论证，使“柔性”监督具有针对性、科学性、可行性的硬支撑。一个时期以来，地方政府举债行为不断扩大，特别是隐性债务过度膨胀，不仅危及金融体系稳定，也将波及财政体系稳定，并可能引发社会问题。民建中央进行专题调研，形成了《关于化解我国地方政府债务风险的提案》，提出5条具体建议，被列为全国政协十三届一次会议重点提案报送国务院和政府有关部门。中共中央、国务院制定出台《关于防范化解地方政府隐性债务风险的意见》，财政部还制定了《地方政府隐性债务统计监测工作指引》，国家审计署全面开展地方政府隐性债务审计工作，使这一隐患得到化解。中国共产党还在知情、沟通、反馈、落实四个环节上健全和完善机制，以知情奠定基础，以沟通加深了解，以反馈促进整改，以落实体现效能，使“柔性”监督的建设性特色和作用充分发挥出来。

维护政治社会稳定

自人类进入政治社会以来，稳定和谐始终是人们追求或遵从的基本目标之一，也是社会良性发展的必要条件。尤其是由传统社会向现代社会过渡的发展中国家，实现和保持政治社会稳定更加重要和紧迫。在现代政党政治条件下，政党制度、政党关系已经成为社会团结稳定的重要因素。一些国家几百年来政治稳定，国家安定，未发生大的政治对抗、社会动荡和国内战争，实行适合国情的政党制度是基本原因之一。一些国家社会撕裂、政治动荡，甚至发生社会动乱、种族屠杀，往往与实行不符合国情的政党制度或盲目照搬西方竞争性政党制度有关。

中国共产党领导的多党合作和政治协商制度的新型政党制度，是我国的基本政治制度之一，根植中国土壤，蕴含中华优秀文化和社会主义先进文化，在马克思主义中国化科学理论指导下，以合作、协商、包容代替对立、争斗、极化，以团结、民主、和谐代替独裁、专制、强制，既避免了多党竞争的政党制度中政党彼此对立、互相倾轧造成的政局不稳、社会动荡和政权频繁更迭，最大限度地减少政治内耗和社会撕裂，又避免了一党专制的政党制度中一党独霸、政治独裁潜藏的社会对抗、矛盾激化、政权更迭的危险，奠定了国家政治稳定和社会和谐的坚实基础。

政党关系和谐为政治和社会稳定奠基。现代社会影响社会政治稳定的主体是政党，根本因素是政治分歧。政党是社会各阶级、阶层和群体的集中代表，政党关系是社会最基本最重要的政治关系，政党之间的矛盾和分歧是社会矛盾的集中体现。

政党之间的矛盾和分歧如果得不到妥善处理，不断发展激化，就会变成政治冲突，导致社会动乱甚至引发内战。中国近代新民主主义革命中，中国共产党与中国国民党的合作两次破裂，都基于对中国政治目标、政治方向和前途命运的根本政治分歧，并导致了两次国内战争。苏联十月革命后布尔什维克一度实行的多党联合执政，时间不长就破裂了，其根本原因就是左派社会革命党在《布列斯特和约》和农民政策上与布尔什维克发生了严重分歧，并发动了叛乱。因此，社会政治稳定的核心内容就是处理好政党关系，其要旨就是消除政治分歧，实现政党和谐。

政党关系和谐是新型政党制度的鲜明特征和优势。中国共产党与各民主党派、无党派人士的多党合作，建立在坚持党际关系平等、彼此尊重、互相帮助的基础上，形成于共同致力革命、建设、改革和新时代的事业发展过程中，它不是为了自身利益和不同政见而互相竞争、彼此制约、激烈争斗，而是以增进政治共识消除分歧，以加强政治团结代替对立，以致力共同事业发展避免政治极化和社会撕裂，为政治稳定和社会和谐提供了重要政治保证。中国共产党与各民主党派都联系着相应的阶级、阶层和群体，政党关系和谐必然带动和促进社会阶级、阶层和群体关系的团结；中国共产党与各民主党派作为执政党和参政党，政党关系和谐必然形成国家政治生活、政治实践的有序开展。新中国成立以来，无论是社会变革、深化改革，还是应对风险、战胜挑战，由于中国共产党与各民主党派、无党派人士能够形成共识、协同一致，从而促进了全社会团结一心，共克时艰。

2003年春，一场突如其来的“非典”疫情席卷了大半个中国，是中华民族遭遇的一场灾难。中共中央、国务院高度重视，迅速组建了专门的领导决策机构，采取了强有力的措施。国务院、全国政协先后召开党外人士座谈会，听取各民主党派中央对“非典”疫情防治工作的意见建议，凝聚思想政治共识。根据中共中央的决策和部署，各民主党派分别向各地方组织发出通知，要求迅速行动起来，发挥自身优势，积极为预防、治疗和控制“非典”建言献策，配合中共党委、政府做好相关工作。全国人民团结奋战、众志成城，谱写了抗击“非典”、和衷共济的壮丽诗篇。

政党协商为政治和社会稳定减压。社会政治稳定的真正实现，建立在有效领导、有效组织和有效秩序三大构成要素之上，关键是矛盾和分歧的化解。中国社会改革发展中，各种矛盾错综复杂，利益分歧不断出现，如何处理和化解，是治国理政必须解决的重要问题，也是实现社会稳定和谐的基本问题。改革发展中出现的各种矛盾，主要是在根本利益一致基础上的不同社会群体之间的利益矛盾，党和政府管理人员因官僚主义、形式主义及工作失误导致的社会矛盾，都属于非对抗性人民内部矛盾，对此，单靠行政命令、强制手段是难以奏效的，只能发挥社会主义协商民主的优势，通过民主协商的方式，凝聚共识、化解矛盾、消除隔阂、实现和谐。

新型政党制度中的政党协商，居于社会主义协商民主七种协商形式之首，在实现社会稳定和谐中具有重要作用。中国共产党和各民主党派具有广泛的社会联系，政党协商能够充分反映社情民意，多方了解掌握各阶层和群体的愿望诉求，找准矛盾纠纷产生形成的根源和症结，对症下药；政党协商是执政党和参政党高层次的政治协商，能够对党和政府制定政策、作出决策产生直接的重要影响，有力推动矛盾纠纷的解决；中国共产党和各民主党派并非置身于各种社会矛盾纠纷之外，其成员和所联系的社会群体与其有这样那样的关联，政党协商的过程也是代表相应的矛盾纠纷主体进行沟通交流、增进理解、消除隔阂的过程。由此可见，政党协商联系社会、影响决策，能够推进矛盾的发现、调解和解决，实现有效领导、有效组织和有效秩序的统一。

为此，我国经济社会发展中的重大问题，中国共产党与各民主党派、无党派人士都在决策之前和决策执行的过程中，进行定期协商和专门协商，通报情况，沟通思想，增进共识，有效化解改革发展中出现的各种不同认识，既避免因政党之间的分歧酿成社会冲突，又以增进政党共识消除化解出现的社会矛盾。改革开放以来，各民主党派和无党派人士围绕收入分配不公、缩小贫富差距、建立健全医保体系、抑制房价过快上涨、维护农民工合法权益、建设社会诚信等重大问题，开展调查研究，进行专题研讨，找出问题症结，提出解决和改进的意见建议，随时报送中共中央和国务院及有关部委，形成了社会矛盾和风险危机共同承担、共同应对、共同化解的机制。中国共产党领导的多党合作和政治协商制度的新型政党制度成为反映社会政治形势的“晴雨表”、化解矛盾和隔阂的“减压阀”、维护和保持政治社会稳定的“压舱石”。

多党合作格局为政治和社会稳定提供体制保障。中国社会是一个庞大的复合系统，要运行有序、发展良性、安定和谐，必须建立在合理、稳定、高效的政治体制和政治系统之上。缺乏这样的政治体制和系统，社会治理就是头痛医头、脚痛医脚，“按下葫芦浮起瓢”，不可能有长治久安。中国共产党领导的多党合作和政治协商制度的新型政党制度，就是一个与中国社会政治体制紧密联系、执政党与参政党团结合作、共同推进中国特色社会主义事业发展、有效实现国家治理体系和治理能力现代化的基本政治格局和运行系统，从国家政治结构、基本政治制度、民主实现形式、夯实执政参政基础等方面为国家的稳定发展提供了坚实可靠的政治保障。

中国共产党与各民主党派和无党派人士，无论是新民主主义革命时期作为工人阶级、农民阶级、城市小资产阶级、民族资产阶级的联盟，还是改革开放后作为全体社会主义劳动者、社会主义事业建设者和拥护社会主义爱国者的政治联盟，都体现了中国社会的基本政治结构，是人民民主专政国家政权的基本构成；中国共产党领导的多党合作和政治协商制度的新型政党制度与人民代表大会这一根本政治制度，民族区域自治制度、基层群众自治制度等基本政治制度，构成了中国政治体制和政治制度的基本框架，形成了人民当家作主的全过程人民民主的制度体系；中国共产党领导的多党合作和政治协商制度与人民代表大会制度，构成了中国社会主义民主的两种基本形式，实现了选举民主与协商民主的相辅相成；中国共产党与各民主党派和无党派人士广泛联系的阶级、阶层和群体，能够适应经济社会结构的发展变化，吐故纳新、与时俱进，使中国共产党的阶级基础、社会基础和群众基础不断巩固壮大。因此，在中国社会发展中，无论是外敌入侵，还是国内政治风波，无论是经济变革，还是社会转型，无论是敌对势力进行西化分化的政治图谋，还是面临严峻的风险挑战，我国都能“任凭风浪起，稳坐钓鱼船”。

四、中国新型政党制度的运行机制

任何政党制度价值和功能的实现，既有赖于合理的制度设计，还有赖于良好的运行机制。英美等西方国家实行竞争性政党制度，尽管经常发生金钱操纵、政党恶斗、街头政治、暴力冲突、政府关门歇业等弊端，甚至出现了暗杀总统的恶性事件，但由于形成了代议制基础上成熟的竞争性体制机制，始终保持了政权和平交接、政治照常运行，没有发生全局性、颠覆性的政治动荡和社会动乱。我国实行的中国共产党领导的多党合作和政治协商制度的新型政党制度具有不同于一党专制和多党竞争政党制度的内部结构、外部联系和功能，在长期实践中逐步形成了特色鲜明、稳定有序、合理高效的政治体制和运行机制，有力保障了中国共产党与各民主党派、无党派人士多党合作的顺畅运行，能动与互动作用的有效发挥，使这一政治文明新形态的特点和优势充分展现出来。

内部结构："一"与"多"的有机结合

中国共产党与八个民主党派、无党派人士的多党合作，形成了中国新型政党制度“一”与“多”的内部结构，也确立了多党合作的主体和相互关系。这个基本构成，是由近代中国社会阶级状况和阶级关系决定的，是在新民主主义革命时期形成的，是中国社会历史发展的必然结果。

近代中国半殖民地半封建社会，形成了两头小、中间大，多阶级、多阶层的社会结构。毛泽东在《新民主主义论》中指出，中国的大资产阶级，投入帝国主义的怀抱，并和封建势力结成同盟，是反对革命人民的。中国无产阶级、农民、知识分子和其他小资产阶级，乃是决定国家命运的基本势力，而无产阶级则是领导的力量。民族资产阶级具有参加革命的可能性和对敌人的妥协性“一身而二任焉”的两面性。中国社会的阶级结构和阶级关系，面临的反对帝国主义、封建主义和官僚资本主义的革命任务，形成了在中国共产党领导下，由多党派、多联盟共同推进新民主主义革命的历史机遇和社会条件。在新民主主义革命中，中国共产党作为工人阶级的先锋队，以工农联盟为基础团结其他革命阶级、革命政党共同奋斗，并构成了人民民主政权的阶级基础和社会基础。各民主党派作为民族资产阶级和城市小资产阶级及其知识分子的代表，与中国共产党团结合作，在反对共同敌人、实现共同目标中结成了政治联盟，从而形成了“一”与“多”的政党关系的基本结构。

随着社会主义制度的建立和改革开放的推进，中国的阶级状况和阶级关系发生了根本变化。资产阶级随着社会主义改造的完成已经不复存在，其成员变成了自食其力的社会主义劳动者。经济社会结构也发生了深刻变化，出现了新的社会群体和阶层。在坚持和发展中国特色社会主义中，中国共产党作为中国工人阶级先锋队，同时是中国人民和中华民族的先锋队，是中国特色社会主义事业的领导核心和最高政治力量。各民主党派在经济社会变革中，形成了新的社会基础和成员结构，成为一部分社会主义劳动者、社会主义事业的建设者、拥护社会主义的爱国者的政治联盟。中国共产党与各民主党派、无党派人士，坚持、发展和完善中国共产党领导的多党合作和政治协商制度，继续巩固和保持了“一”与“多”的基本格局，成为共同建设中国特色社会主义的重要政治力量。

“一”与“多”的基本格局中，八个民主党派的“多”在中国社会发展中能够长期稳定地保持下来，主要是因为在多党合作中，各民主党派着眼保持历史特色、适应现实发展和发挥自身优势，具有各自组织发展的范围、重点和对象，并在经济社会发展中适时调整。各民主党派虽然都以知识分子为主体，但都联系着特定的社会阶层和群体。民革，主要联系同原中国国民党有关系的人士、同民革有历史联系和社会联系的人士、同台湾各界有联系的人士等；民盟，主要联系从事文化教育以及科学技术工作的高中级知识分子；民建，主要联系经济界人士；民进，主要联系从事教育文化出版工作的高中级知识分子；农工党，主要联系医药卫生界高中级知识分子；致公党，主要联系归侨、侨眷中的中上层人士；九三学社，主要联系科学技术界高中级知识分子；台盟，主要由台湾地区人士组成。

这些联系对象涵盖了中国共产党和工农联盟之外的社会各个阶层、各个领域的相关代表人士，因此八个民主党派既具有共同的政治地位和社会基础，又具有各自的鲜明特色，党派成员有共性而不相同，有交叉而不重合，在整体作用中体现各自特色和优势。随着经济社会发展和新的社会阶层和群体的产生，民主党派的联系对象和发展范围也进行了相应的调整，但支撑各党派发展和作用发挥的政治资源始终保持总体不变。

中国共产党与各民主党派、无党派人士"一"与"多"的有机结合，构成了多党合作的两大主体、基本关系和地位作用。中国共产党的"一"，在多党合作中居于领导和执政地位，是中国特色社会主义的领导核心；八个民主党派和无党派人士的"多"，在多党合作中处于同盟和参政地位，是致力于中国特色社会主义的重要力量。八个民主党派虽然具有不同的历史渊源和特点，成立时间和组织规模也不相同，但都是作为中国共产党的亲密友党和参政党，在中国共产党领导下共同致力于中国特色社会主义事业。无党派人士作为中国一支重要政治力量具有党派性，与各民主党派一起参与多党合作，是"多"的组成部分。由于中国共产党与各民主党派、无党派人士的合作不是权宜之计，而是中国共产党的一项战略方针，是在共同政治基础上致力于共同事业的长期稳定合作，"一"与"多"的基本结构既奠定了多党合作的基本政治格局，也确立了多党合作的运行机制的基础。

由此可见，正是中国革命由无产阶级领导、由多党派共同推进的历史机遇和根本规律，促成了中国共产党与八个民主党派、无党派人士这种“一”与“多”的基本结构。它反映了中国社会的基本构成，适应了新民主主义革命和坚持发展中国特色社会主义的内在要求，是历史发展的必然。它实现了一党领导与多党合作的有机统一、发扬民主与高度集中的有效结合，也决定了新型政党制度功能的实现，“一”与“多”实现了结合与互动。

外部联系：与政治体制相互贯通

政党制度在国家政治生活中不是独立存在的，而是与国家的政治制度、政治体制紧密结合在一起的，是党和国家的政治系统不可分割的组成部分。中国新型政党制度在1949年确立后，其运行机制就是在召开中国人民政治协商会议，成立中央人民政府，建立人民民主专政的新中国，实行人民代表大会制度，坚持和完善国家政治体制，发展社会主义民主政治，中国共产党加强执政能力建设、改进领导方法和执政方式的政治发展过程中，逐步建立、健全和完善起来的，从而形成了一个与中国共产党领导制度、人民代表大会根本政治制度、人民政协制度紧密联系，与国家的立法、行政、司法、监察、协商机关相互贯通的系统的中国共产党领导的多党合作和政治协商制度的运行机制。

以政治协商为中心。中国共产党与各民主党派、无党派人士是我国重要的政治主体，分别代表和联系着不同的阶级、阶层和社会群体进行政治协商，是多党合作的基本方式，也是全过程人民民主和社会主义协商民主的重要体现。政治协商主要包括政党协商和政协协商，中国共产党与各民主党派、无党派人士凝聚政治共识，优化政策决策，进行互相监督，实现中国共产党的领导，提高执政和参政能力，推进共同事业发展，以及内部关系协调等，都是经过政党协商、政协协商实现的。在推进社会主义协商民主和实现全过程人民民主的过程中，中国共产党与各民主党派、无党派人士的政党协商和政协协商，以其具有的高层性、政治性、重要性、组织性特点，在人大协商、政府协商、人民团体协商、基层协商、社会组织协商等协商形式中发挥示范、带动和促进作用。这就决定了中国新型政党制度的运行机制是合作协商的机制，而不是政党竞争、彼此对立的机制，更不是互相倾轧、激烈对抗的机制。它紧紧围绕政治协商来运转，并向相关方面和领域延伸、辐射，以实现中国共产党的领导作用，各民主党派和无党派人士履行参政议政职能，发挥合作性新型政党制度的整体效能。

与国家政治体制相衔接。中国是人民民主专政的社会主义国家，与这一国体相适应，建立了人民代表大会制度这一根本政治制度，还建立了中国共产党领导的多党合作和政治协商制度、民族区域自治制度、基层群众自治制度等基本政治制度，从而确立了中国政治体制和政治制度的基本架构，也形成了中国共产党领导的多党合作和政治协商制度的新型政党制度与国家根本政治制度、基本政治制度的内在联系。新型政党制度深深嵌入了国家政治体制之中，与国体政体相吻合，与政治制度相协调，与国家权力机关、政治协商机关等既自成体系、各自运转，又相辅相成、优势互补，成为坚持党的领导、人民当家作主和依法治国有机统一的政治系统的重要组成部分。其机制运行和功能的发挥，既与人民代表大会制度、政府和司法监察机关职能的履行相联系，又与执政党和参政党职能、人民政协职能的履行相协调，还与党和国家推进政治体制改革、干部人事制度改革等相吻合，贯通了政党、国家和社会，将政治协商与选举投票、民主决策，与多元共治、村民自治联系起来，成为发挥我国整体政治功能的一个重要部分、发扬社会主义民主的一条重要渠道、体现中国政治制度特点和优势的一个重要方面。

与中国共产党加强领导和执政能力建设相吻合。加强领导和执政能力建设，是中国共产党的一项根本建设，也是中国共产党始终走在时代前列、应对各种风险和考验、完成肩负的历史使命的重要保证。中国共产党领导的多党合作和政治协商制度的新型政党制度的核心和保证是中国共产党领导，提高中国共产党领导和执政能力是发挥多党合作制度效能的决定因素。多党合作的协商议政，是中国共产党领导和执政的重要实现方式，各民主党派和无党派人士在深入调研基础上提出意见建议，进行民主监督，是中国共产党领导和执政能力的重要来源和构成因素，也是加强和改善中国共产党的领导的重要方面。在健全和完善多党合作的运行机制中，无论是结构优化、要素配置，还是系统改进、程序设置，都要着眼加强中国共产党领导和执政能力建设，着眼充分发扬社会主义民主。通过加强中国共产党领导和发扬社会主义民主，提高多党合作和政治协商的成效，促进中国共产党科学执政、民主执政、依法执政，促进各民主党派和无党派人士在参加政权、进行协商、参与管理中更好地发挥参政党作用，推进国家改革发展、实现人民幸福的社会实践。

与依法治国的基本方略相适应。全面依法治国是中国特色社会主义的本质要求和重要保障，也是国家的基本国策。中国共产党与各民主党派、无党派人士作为重要的政治主体，新型政党制度作为建设社会主义民主政治的重要力量，也要体现依法治国的基本原则、基本精神和基本要求。在多党合作和政治协商的实际运作中，无论是中国共产党还是各民主党派、无党派人士，都必须坚持以宪法为活动的根本准则，维护宪法尊严，保证宪法实施，在宪法、法律和制度规定的范围内开展活动。在履行协商议政这一职能作用的同时，也要努力贯彻依法治国方略，坚定不移走中国特色社会主义法治道路，完善以宪法为核心的中国特色社会主义法律体系，形成中国特色社会主义法治体系，促进科学立法、严格执法、公正司法、全民守法，建设社会主义法治国家。同时，不断推进多党合作和政治协商的制度化、规范化、程序化建设，从根本上克服主观随意性，增强法规制约性，适时把实践证明的成功经验上升为制度规范、法律规范，变主观性、随机性参与为制度性、程序性参与，变靠领导开明、认识提高保障为靠健全的制度保障、法律保障，使多党合作、政治协商的优势和功能充分、稳定、持久地发挥出来。

合作机构：人民政协

中国新型政党制度是因中国人民政治协商会议召开而形成和确立的。人民政协作为统一战线的组织形式，各党派、各团体、各族各界代表人士是其基本构成；作为中国人民的政治协商机关和社会主义协商民主的重要渠道，人民政协为各党派、各团体、各族各界代表人士共商国是搭建了广阔舞台。特别是人民政协不同于西方国家的议会，不是政党进行角逐、竞争和制约的场所，而是各党派、各团体、各族各界代表人士共同协商国家大事，促进共同事业发展的机关。这就注定了人民政协从成立的时候起，就成为中国共产党与各民主党派、无党派人士多党合作的政治形式、组织形式和重要机构，并成为中国新型政党制度的鲜明特色和优势。

人民政协是以中国共产党与各民主党派、无党派人士为基础建立起来的，是1948年各民主党派、无党派人士响应中国共产党“五一口号”、共同筹备召开中国人民政治协商会议建立中华人民共和国的结果。人民政协作为统一战线的组织形式和全国人民大团结的象征，具有广泛的包容性，囊括了中国社会各阶级、各党派、各团体、各民族和社会各界的代表人士，但中国共产党、各民主党派、无党派人士构成了人民政协的牢固基础，并占了较大比例。1949 年第一届全国政协全体会议，包括党派、区域、军队、团体、特邀五个方面的 662 位代表。其中党派方面的中国共产党、各民主党派、无党派民主人士和中国新民主主义青年团代表为 165 人，占 25%；民主党派成员为 123 人，无党派民主人士 12 人，合计 135 人，占全体代表的 20%。从 1954 年第二届到 2018 年第十三届全国政协，界别从 29 个增加到 34 个，中国共产党、各民主党派、无党派人士始终保持着 10 个界别。因此，人民政协也被称为党派性机关，是“党派的联合”“各党派的协商机关”。改革开放后，邓小平明确指出，“人民政协是在共产党领导下实现各党派和无党派人士团结合作的重要组织”。1994 年 3 月，全国政协八届二次会议通过的第四部政协章程，将“中国共产党领导的多党合作和政治协商的重要机构”作为人民政协性质的重要组成部分，进一步明确了人民政协在多党合作中的重要地位和作用。

人民政协的各级政协委员、常务委员和政协领导成员中，各民主党派和无党派人士都占有较大比例，为多党合作和政治协商提供了坚实的组织保障。《中国共产党统一战线工作条例》明确规定：“党外代表人士在各级政协中应当占有较大比例，在换届时委员不少于 60%，常委不少于 65%；在各级政协领导班子中副主席不少于 50%（不包括民族自治地方）。”在各方面党外代表人士中，民主党派占有较大比例，如第十二届全国政协委员构成中，非中共政协委员 1 339 人，其中民主党派成员 676 名，占 50.5%；非中共常务委员 195 人，其中民主党派成员 130 名，占 66.7%；非中共全国政协副主席 12 人，民主党派 8 名，占 66.7%。政协各专门委员会负责人和委员中，各民主党派成员、无党派人士均占有一定数量。全国和省一级人民政协机关，都有民主党派成员或无党派人士担任专职副秘书长，以协调各民主党派参与政协的各项活动。全国政协中，民主党派或无党派人士除 1 名成员担任专职副秘书长外，8 个民主党派均有 1 人担任兼职副秘书长，以协调各党派在人民政协的工作。2007 年，各级人民政协中，民主党派成员和无党派人士担任政协委员的有 33 万多人。这为中国共产党与各民主党派在人民政协进行多党合作和政治协商提供了坚实的组织和人才支撑。

人民政协具有政治协商、民主监督和参政议政功能，为中国共产党与各民主党派、无党派人士的多党合作、协商议政提供了广阔舞台和良好环境。人民政协具有政协全体会议、常务委员会会议、主席会议、常务委员专题协商会、政协党组受党委委托召开的座谈会、秘书长会议、各专门委员会会议、根据需要召开由政协各组成单位和各界代表人士参加的内部协商会等多种协商方式。中国共产党通过这些方式就国计民生的重大问题与各民主党派、无党派人士协商交流，凝聚政治共识；各民主党派和无党派人士利用这些方式，对国家和地方的大政方针以及政治、经济、文化和社会生活中的重要问题，对各民主党派参加人民政协工作的共同性事务、政协内部的重要事务，以及有关爱国统一战线的其他重要问题进行协商议政，在更大范围参与国家事务管理。2018 年至 2020 年底，围绕重点协商议题，全国政协专门委员会与各民主党派中央开展联合调研 22 次，共同举办协商活动 24 场。

人民政协的民主监督范围广、场面大、公开透明，更具有社会影响。各民主党派和无党派人士，既通过各种会议协商、小组讨论和大会发言进行协商式监督，还通过政协视察调研、参加检查督察、反映社情民意、撰写相关提案，就相关问题提出意见、批评和建议。各民主党派和无党派人士在政协履行民主监督职能的过程中，既可以由本党派或本党派成员独立发挥作用，也可与政协各界人士共同发挥民主监督作用。建筑业是我国国民经济的支柱产业，又是工伤风险比较高的行业，建筑施工的一线员工大部分是农民工，他们工伤保险参保率较低，发生工伤后权益容易受到侵犯。在 2014 年 11 月全国政协召开的“建筑工人工伤维权”双周协商座谈会上，与会民主党派和其他界别的政协委员及专家学者提出，用“按项目投保、造价提取、总承包企业一次性缴纳、全员覆盖”的工伤保险参保方式，大幅度提高建筑工人工伤保险参保率。这些意见建议受到高度重视，2014 年 12 月，人社部、住建部等四部委下发了《关于进一步做好建筑业工伤保险工作的意见》。2015 年 1 月，住建部下发了《关于立即开展全国建筑施工安全生产大检查切实维护建筑工人工伤权益的紧急通知》，促进了这个问题的解决。

人民政协对参加单位和政协委员具有组织、服务和保障功能，能够使各民主党派和无党派人士的参政议政职能得到更加经常、规范、切实和有效履行。人民政协不同层次、内容和特点的协商会议，作为政协领导成员、常委、委员和专门委员会成员的民主党派领导和成员，都能相应参加；人民政协的大会发言、小组讨论、提案承办等，为各民主党派和无党派人士以党派、界别、个人议政建言，开辟了广阔天地；人民政协覆盖社会各个领域的10个专门工作委员会，组织严密、服务周到、运行高效，为各民主党派和无党派人士参与考察调研、反映社情民意、转达意见建议、进行督促落实，提供了便利条件和畅通渠道。各民主党派和无党派人士还通过参与政协的国际论坛和人民外交活动，为促进国家对外交往、民间交流和构建人类命运共同体贡献智慧和力量。尤其是人民政协持续组织开展的由中共中央政治局常委、全国政协主席主持，相关党外代表人士参加，党和国家有关部门负责人到会听取意见建议的双周协商座谈会，从选题确定、会议组织，到专题调研、会上建言，各民主党派和无党派人士都参与其中，成为制度化、经常化的参政议政渠道。

民主党派在人大以人民代表身份履行职能，在政府和司法监察机关以国家公务人员身份履行职能，而在人民政协以本党派名义进行政治协商、民主监督和参政议政，人民政协为民主党派作为政党履职尽责、发挥作用提供了重要保障。政协章程明确规定，人民政协要“根据中国共产党同各民主党派和无党派人士长期共存、互相监督、肝胆相照、荣辱与共的方针，促进参加中国人民政治协商会议的各党派、无党派人士的团结合作，充分体现和发挥我国社会主义新型政党制度的特点和优势”。习近平总书记强调：“要发挥人民政协作为实行新型政党制度重要政治形式和组织形式的作用，对各民主党派以本党派名义在政协发表意见、提出建议作出机制性安排。”在政协举行的各种会议上，无论是大会发言、小组讨论，还是主席会、常委会、专题协商会、双周协商座谈会等，各民主党派都可以以本党派名义发表意见建议，单独或联名提出提案，发挥参政议政和民主监督作用。中共十八大以来，各民主党派中央及党派成员，每年都在全国政协会议上提交提案，内容涉及经济、政治、社会、文化、生态等各个方面。人民政协经过提案办理程序，分别交党和政府相关部门研究处理，并对重要提案进行督办，合理的具有可行性的意见建议普遍得到采纳实施。政协全体会议上的大会发言，民主党派、无党派人士占了很大比重，每个党派都有 1 名或多名代表发言，通过中央电视台进行现场直播，进一步扩大了民主党派的社会影响。2013 年到 2021 年，各民主党派以本党派名义提交提案近 3 000 件，提交大会发言 525 篇，口头发言 81 次，反映社情民意 3 万多篇。民主党派还可以以本党派名义，参与政协委员视察调研和检查督导活动，提出意见、批评和建议，参与人民政协组织的新闻发布会，向新闻媒体介绍情况并回答记者提问，这进一步彰显了各民主党派作为中国共产党亲密友党和参政党的作用。

运行轨道：政治与政权

中国共产党与各民主党派、无党派人士在多党合作实践中，致力于共同事业和实现人民民主的“两大主题”，使中国共产党与各民主党派具有“双重身份”“双重职能”“双重关系”，从而形成了围绕“两大主题”进行政治协商和政权共事的两条基本运行轨道。

多党合作的目标任务，决定了中国共产党与各民主党派、无党派人士合作共事的主题。多党合作是中国共产党领导的，中国共产党的纲领、路线和目标任务，与各民主党派、无党派人士的政治意愿形成政治共识，就成为多党合作的目标任务。这些目标任务内容十分丰富，不同历史时期有不同的侧重，但贯穿始终的主要是两个方面：一个是致力于共同事业，包括革命、建设、改革等实现国家富强、人民幸福、民族振兴的各项事业，这是目标任务的集中体现；另一个是实现人民民主，包括建立人民民主专政的国家政权，实行人民代表大会制度、发展社会主义民主政治，这既包含在目标任务之中，又是实现目标任务的必要条件。因此，以中国共产党的政治主张为主导的多党合作的目标任务，始终包含着这两个基本方面。中国共产党成立后，制定的新民主主义革命纲领和目标任务，就是“以扫清封建军阀推翻帝国主义的压迫，建设真正民主政治的独立国家为职志”。抗日战争时期，毛泽东明确提出，民主和抗日是共产党的两件大事，“抗日而没有民主，是不能胜利的”，要“把抗日战争与民主制度结合起来”。解放战争时期，毛泽东阐明党的最基本的政治纲领和目标任务，就是“打倒蒋介石独裁政府，成立民主联合政府”。新中国成立后，中国共产党既通过土地改革、对资本主义工商业进行社会主义改造，建立社会主义经济制度，又通过建立人民代表大会制度，巩固发展人民民主专政的国家政权。改革开放和社会主义现代化建设新时期，中国共产党坚持“一个中心、两个基本点”的基本路线，既强调改革开放，实现四个现代化，又要求坚持四项基本原则，发展社会主义民主。邓小平鲜明提出：“没有民主就没有社会主义，就没有社会主义现代化。”中国特色社会主义新时代，以习近平同志为核心的党中央着眼建成富强民主文明和谐美丽的社会主义现代化强国，实现中华民族伟大复兴，既提出了新发展理念，构建新发展格局，实现高质量发展，又积极推进社会主义协商民主，发展全过程人民民主。这些内容和要求构成了不同时期多党合作的目标任务，但贯穿多党合作全过程的主题主线始终是共同事业和人民民主。

多党合作的“两大主题”，使中国共产党与各民主党派在多党合作中具有“双重角色”和“双重关系”。共同致力于革命、建设、改革和新时代的事业，必须具有领导者定向领航。中国共产党作为“三个代表”，具有先进性和政治领导力、思想引领力、群众组织力、社会号召力，这已经被中国革命、建设、改革和新时代的事业发展的实践所证明，并被包括各民主党派、无党派人士在内的全国人民所认可，从而成为中国特色社会主义事业的领导核心，在多党合作中居于领导地位；共同事业说到底是人民群众的事业，必须坚持人民民主，以人民为主体，把建立、巩固和发展人民民主专政的国家政权作为推进事业发展的根本保证。人民政权当然是人民当家作主，但在实行代议制的情况下，人民不可能直接管理国家，只能由自己的代表来执掌国家权力。中国共产党是全国人民利益的忠实代表，在领导人民取得新民主主义革命胜利，建立人民民主专政的国家政权后，就自然而然地成为执政党，领导和实现人民当家作主。中国共产党在多党合作的过程中就形成了双重角色：领导者和执政党。各民主党派在致力于共同事业的过程中，是一支不可或缺的重要政治力量，虽然不是领导者，却与中国共产党风雨同舟、荣辱与共，是中国共产党的亲密友党和合作者；在实现人民民主的过程中，民主党派是人民的基本构成，是人民民主专政的重要成分，无论是新中国成立时，作为民族资产阶级、城市小资产阶级及其知识分子的代表，还是改革开放后，作为一部分社会主义劳动者、社会主义事业的建设者和拥护社会主义的爱国者，都是国家政权的当然参加者和国家事务的管理者。在新民主主义革命胜利后，人民当家作主的国家政权建立，中国共产党成为执政党，各民主党派就成为参政党。民主党派在多党合作的过程中也形成了双重角色：合作者和参政党。在此基础上，中国共产党与各民主党派形成了双重关系：领导者与合作者关系、执政党与参政党关系。

中国共产党和各民主党派的双重关系，要求二者在合作共事中必须双重参与。在致力于共同事业的过程中，中国共产党作为领导者和执政党，主要是通过制定正确的路线、方针、政策，明确政治目标、政治方向和发展道路，对相关重大问题作出决策部署，发挥政治引领作用；各民主党派作为合作者和参政党，主要是通过协商议政、建言献策，认同、完善和优化中国共产党的政策决策，发挥协助作用。从而使政治协商成为多党合作、推进共同事业的基本方式，通过政治协商，不断打牢团结合作的政治基础，形成推进共同事业发展的合力，促进中国共产党民主决策、科学决策，更好地执政兴国、执政为民。在实现人民民主的过程中，中国共产党作为领导者和执政党，要坚持人民政权的人民性，明确人民政权的基本构成和参加国家政权的基本标准、政策原则，既要按照法定程序推荐中共党员在各级权力机关担任领导职务，又要把各民主党派、无党派人士等党外代表人士的培养、选拔、使用纳入党政干部选拔使用的总体规划，与中共党员统筹安排使用，使他们有序进入各级人大、政府和司法监察机关担任领导职务，保障他们有职有权、有责有为。各民主党派作为合作者和参政党，参加国家政权，参与国家事务的管理，参与重要方针政策和法律、法规的制定和执行，在国家权力机关担任领导干部的民主党派成员和无党派人士，认真履行职责，积极发挥作用，充分体现参政党的价值。中共党员和各民主党派成员、无党派人士以国家公务员身份参加国家政权，在政权机关合作共事，互相支持帮助，巩固和发展人民民主专政，加强国家政权建设，更好体现和实现人民当家作主，这成为多党合作的又一个重要方面。

多党合作的两大主题、中国共产党与各民主党派的双重身份和双重参与，决定了多党合作主要围绕政治协商、推进共同事业和政权共事、实现人民民主来展开，这成为多党合作的两种基本形式和运行轨道。

在中国共产党与各民主党派、无党派人士的政治协商方面：政治协商作为中国新型政党制度的重要组成部分，是社会主义协商民主的重要形式，是实行科学决策的重要环节，是中国共产党提高执政能力的重要途径。把政治协商纳入决策程序，就重大问题在决策之前和决策执行中进行协商，是政治协商的重要原则。凝聚政治共识，形成发展合力，集中多方智慧，促进科学民主决策，是政治协商的核心要义和价值所在。政党协商和政协协商是政治协商的两种基本方式。

政党协商是中国共产党和各民主党派、无党派人士围绕凝聚政治共识，促进科学民主决策，基本工作流程是："制定协商计划"，根据中共中央和地方党委的工作部署，在征求各民主党派意见基础上，经中共中央和地方党委批准，形成年度政治协商计划；"进行调研论证"，根据协商的问题和重点，各民主党派、无党派人士协同地方组织进行专题调研，视情况请政府有关部门和专家学者参与，形成调研报告或意见建议后，通过各种方式进行论证，集思广益；"开展专题协商"，在政党协商和政协协商中，各民主党派、无党派人士提出意见建议，与中共中央和地方党委领导同志沟通交流；“协商成果反馈”，中共中央和地方党委有关部门梳理汇总协商意见，视情交付有关部门研究办理，党委、政府及有关部门重视协商意见，重要协商成果可以作为决策参考，办理情况按规定反馈同级民主党派组织和无党派人士。

政协协商是参加人民政协的各党派团体、各族各界人士，围绕改革发展稳定重大问题和涉及群众切身利益的实际问题，通过全体会议、专题性常务委员会会议、专题协商会、协商座谈会等方式，广泛协商、凝聚共识的重要民主形式。政协党组按照规定梳理形成政治协商活动成果，将重要协商活动成果报送党委。对有关部门落实协商成果有明确要求的，党委和政府办公厅（室）要加强督促检查，并将落实情况抄送同级政协同级办公厅（室）。

在中国共产党与各民主党派、无党派人士在国家政权的合作共事方面：中国共产党党员和各民主党派成员、无党派人士经过法定程序参加国家政权，在人大、政府和司法监察机关担任领导职务，按照民主集中制的原则和领导班子集体领导与分工负责制，在各自履行职责的基础上进行合作共事。其主要内容包括：明确和保持各民主党派、无党派人士等在国家权力机关和政治机构担任领导干部的适当比例和要求，如各民主党派中央主席可分别在全国人大常委会担任副委员长、在全国政协担任副主席，符合条件的省级民主党派主委一般应当进入同级人大常委会、政府、政协领导班子，各级政府和法院、检察院都要配备党外领导干部，符合条件的可担任政府部门（单位）行政正职；加强对民主党派、无党派人士等党外代表人士培养教育，将其纳入各级党政干部培养选拔总体规划，着眼提高组织领导和管理能力，采取理论培训和实践锻炼相结合，加大挂职锻炼力度，形成梯次配备、素质优良、结构合理的后备干部队伍；根据岗位工作需要，集中配备和随时选配民主党派成员和无党派人士担任各级人大、政府、政协以及人民团体、高校、科研院所、国有企业领导干部，集中配备主要结合五年一次的中国共产党、各民主党派和人大、政协换届进行，随时选配是根据工作需要按照法定程序进行；担任领导干部的中共党员、民主党派成员、无党派人士，在人大、政府、司法监察机关各级领导班子中，以国家公务员身份，按照各自分工履行职责。中国共产党是执政党，对在国家政权中合作共事的民主党派、无党派人士，要尊重信任，热情帮助，“手心手背都是肉”，不能“荷花出水有高低”，要积极支持他们履行职能、开展工作，让其努力作出成绩，保证其有职有权、有责有为。

围绕民主党派、无党派人士等党外人士的培养使用与在政权中的合作共事，形成中国共产党协同各民主党派对党外代表人士共同了解发现、共同培养教育、共同推荐使用、共同进行管理的工作机制，使党外代表人士脱颖而出、党外领导干部发挥作用与加强人民政权建设、发展社会主义民主政治、实现人民当家作主互相促进、相辅相成。

多党合作中的政治协商与政权合作的双轨并行，体现了推进共同事业和发展人民民主的内在联系，反映了全面发挥多党合作功能的必然要求，是新型政党制度运行机制的基本方式、特点和路径，也为充分发挥中国共产党领导的多党合作和政治协商制度的新型政党制度效能提供了有力支撑。

切实保障：建立健全工作机制

制度的作用主要在实践过程中来体现，而实践本身比制度设计要复杂得多。特别是制度实践主体处在一个不断发展变化的过程中，其思想认识如何，直接影响制度效能的实现，是影响制度效能发展的重要变量。因此，要把中国共产党领导的多党合作和政治协商制度的新型政党制度优势充分发挥出来，必须有相应的工作机制，并保证其运行顺畅、衔接紧凑、有序高效。

着眼发挥中国新型政党制度的独特优势，健全和完善多党合作的保障机制。要使制度设计的应然成为制度效能的实然，就要具备相应的条件，最基本的就是克服各种因素导致的动摇性、随意性、消极性；从法律、制度、政策上建立、健全和完善保障机制，增强自觉性、坚定性和主动性，使多党合作的制度规范和有关要求落实落地。

建立法律保障机制，主要是把“中国共产党领导的多党合作和政治协商制度将长期存在和发展”写进宪法，成为国家意志；把以宪法为根本活动准则、维护宪法尊严、保证宪法实施，作为多党合作的重要政治准则，使宪法的有关规定成为共同遵守的政治规范；在中国共产党的党内法规中，要明确：多党合作的基本方针；政治协商的内容、形式和要求；民主党派的性质和参政党地位；民主党派、无党派人士履行职能；中共各级党委认真听取民主党派的意见、批评和建议；支持民主党派加强自身建设，帮助民主党派解决机构、编制、经费、办公场所、干部交流和挂职锻炼等方面问题的要求；使相关法规更具有权威性和约束力。

建立制度保障机制，主要是中共中央制定有关文件，即颁发《中共中央关于坚持和完善中国共产党领导的多党合作和政治协商制度的意见》《中共中央关于进一步加强中国共产党领导的多党合作和政治协商制度建设的意见》《中共中央关于加强新形势下党外代表人士队伍建设的意见》《关于加强政党协商的实施意见》《中共中央关于加强中国特色社会主义参政党建设的意见》《中国共产党政治协商工作条例》等综合和专项文件，对中国共产党和各民主党派在多党合作中的地位作用、权利义务、党际关系、政治准则，对政治协商的原则、内容、方式、程序，对民主党派的性质和作用、履行职能的内容和方式，民主党派在人大、政府、司法机关、政协的政治参与和推荐使用，民主党派领导班子的配备和调整，对自身建设的目标、原则、内容和要求等，都作出具体规范，做到制度化、规范化、程序化，有章可循，有规可依。

建立政策保障机制，主要是对民主党派履行参政议政、民主监督、参加中国共产党领导的政治协商的职能，对民主党派的性质、地位和作用，对民主党派成员和无党派人士的政治参与、推荐使用、挂职锻炼、工作生活待遇，以及对协助民主党派加强自身建设，照顾同盟者利益等，中共中央都要根据实际情况和形势任务的变化，适时制定和完善相应政策规定，并通过检查、总结、督察推动落实。为扩大民主党派的社会影响，中共中央有关文件明确规定，民主党派召开重要会议、进行重点调研、重要参政议政成果、领导人活动等，都要按照相应规格在国家主流媒体上宣传报道。为使选配民主党派成员、无党派人士担任政府领导职务顺利实施，中共中央有关文件明确规定，各级政府除特殊要求外，均可以配备党外干部担任领导职务，重点在行政执法监督、与群众利益密切相关、紧密联系知识分子和专业技术性强的部门配备，并组织有关部门，对配备使用和发挥作用情况进行检查和督察。从而使多党合作相关问题政策规定明确、工作依据清楚、要求落实到位。

着眼发挥新型政党制度的功能作用，围绕政治参与、利益表达、社会整合、民主监督、维护稳定等重要功能的实现，根据多党合作的目标、任务和要求，建立健全中国共产党与各民主党派、无党派人士合作履行职能的专项工作机制，为实现多党合作和政治协商的政治功能提供了重要保证。

（1）政治协商机制。通过制定《中国共产党政治协商工作条例》和有关文件，明确政治协商的指导思想、重要原则、参与主体，规范政治协商的内容、形式、程序，加强和完善对政治协商的领导，强化政治协商的保障，并就协商成果的吸纳和反馈提出要求，确保政治协商的正确政治方向，不断提升政治协商的效能。

（2）参政议政机制。主要是中共中央要在有关文件中明确民主党派参政的基本点，对民主党派成员、无党派人士在国家政权中发挥参政作用，担任人大、政府、法院、检察院领导职务，在人民政协充分发挥作用，加强政府同民主党派的联系，民主党派负责人参加重要外事、内事活动，民主党派考察调研等作出具体规范，不断拓宽民主党派和无党派人士参政议政、发挥作用的渠道，对各级党委、政府支持协助民主党派搞好调研提出要求，以保证参政党职能的切实履行，在坚持和发展中国特色社会主义、实现中华民族伟大复兴的进程中不断作出新贡献。

（3）民主监督机制。中共中央要在有关文件中明确民主监督的性质、内容、形式和渠道，在知情、沟通、反馈、落实四个环节上健全制度；中共中央和地方党委要就改革发展、国家治理中的重点难点问题，委托民主党派进行专项监督；对中国共产党各级党委和领导干部自觉接受民主监督提出要求。以切实增强民主监督的影响力和有效性，使这条帮助执政党跳出“其兴也勃，其亡也忽”的历史周期率的新路越走越宽。

（4）参政党建设机制。中共中央要在有关文件中明确参政党建设的指导思想、基本目标、重要原则、主要内容和方式方法，执政党协助搞好参政党建设的责任和要求，形成一套适合民主党派自身特点、有利于促进民主党派工作规范化和科学化运行的制度规范；各民主党派要以中国共产党为师，继承优良传统，坚持自我教育，按照建设合格的中国特色社会主义参政党要求，全面加强思想、组织、能力、作风和制度建设，切实提高政治把握、参政议政、合作共事、组织领导、解决自身问题的能力，成为中国共产党的好参谋、好帮手、好同事，始终同中国共产党想在一起、站在一起、干在一起。

（5）党外代表人士培养选拔使用机制。中共中央要在有关文件中明确党外代表人士的标准、范围、原则和任务，要求切实抓好发现储备、教育培养、选拔任用、加强管理四个环节；中国共产党各级党委要加强和改善领导，把民主党派和无党派人士纳入党和国家干部队伍建设、人才培养的总体规划，统战和组织部门要密切配合，及时发现、加强培养、积极推荐、严格管理，使党外优秀干部和人才脱颖而出。

由此，中国共产党要着眼发挥新型政党制度的整体效能，建立健全联系沟通、协调服务和组织推动的工作机制。多党合作的内容方式和运行轨道，涉及中国共产党、各民主党派和无党派人士等多个政治主体，涉及国家的权力机关、行政机关、司法监察机关、政治协商机关等各个机关，涉及政治、经济、文化和社会生活的诸多领域。要把多党合作的整体作用充分发挥出来，统战部作为党委在统一战线方面的机构，就必须发挥好参谋、组织协调、具体执行、督促检查的作用，加强联系沟通，积极协调服务，组织推动落实。

加强联系沟通，就是在多党合作实际运行中，统战部要加强各民主党派、无党派人士与中共中央、各级党委的横向联系，形成互动互促。既要把中共中央的重要决定、方针政策、决策部署、有关要求及重要情况，迅速及时向各民主党派和无党派人士转达通报，又要把各民主党派和无党派人士的思想状况、利益诉求、意见建议，以及履行职能和工作生活中的实际问题等，及时向中共中央和地方党委反映，并有针对性地提出建议，成为中国共产党与各民主党派、无党派人士之间传递信息、沟通思想、凝聚共识、增进团结的桥梁纽带。

积极协调服务，就是在多党合作过程中，统战部要搞好各民主党派、无党派人士与党和国家有关部门的协调工作，形成工作合力。既要搞好中国共产党与各民主党派、无党派人士之间的协调服务，又要搞好八个民主党派之间的协调服务；既要搞好各民主党派、无党派人士履行参政党职能，协商议政、民主监督、参加重要内事外事活动的协调服务，又要搞好各民主党派、无党派人士进入人大、政府、政协和司法机关，以及在高校、国企、社会团体担任领导干部的制度化建设的协调服务；既要搞好各民主党派、无党派人士联合考察调研的协调服务，又要搞好在国家政权中合作的协调服务。从而使多党合作在政治机构、政权机关、有关单位畅通无阻、有序开展，提高合作、协商、议政的整体水平。

组织推动落实，就是统战部要充分发挥职能作用，促进和保障相关目标、决策和任务的落地落实，努力实现最优结果。

着眼新时代我国社会主义民主政治的发展，要促进新型政党制度的坚持、发展和完善，统战部要积极提出政策建议和工作举措，推动多党合作在新的形势任务和社会环境中更好发挥作用；支持协助各民主党派和无党派人士组织开展各种主题教育活动，进一步打牢团结合作的思想政治基础；按照多党合作和政治协商的要求，做好各种座谈会、协商会、通报会、协调会的组织和保障工作；根据中共中央和国务院的战略部署，着眼国家建设的重大战略和重大项目实施、重大改革政策决策的落实、国家治理中的突出问题，组织开展各民主党派和无党派人士联合考察调研、定点扶贫和专项监督；对各民主党派、无党派人士为全面建成小康社会作贡献进行评选表彰，展现独特优势，实现整体效应，把新型政党制度的特点和优势充分发挥出来。

坚实基础：协助民主党派加强自身建设

中国共产党与各民主党派的多党合作是以民主党派的存在和发展为前提的，多党合作的整体水平在很大程度上取决于民主党派自身建设的水平。各民主党派作为与中国共产党长期合作的参政党，必须与执政的中国共产党同步前进，通过自身建设提高与参政党地位相适应的能力。因此，协助民主党派加强自身建设，以民主党派能力素质的提高，保证其职能作用的发挥，促进多党合作整体水平的提高，就成为新型政党制度的内在要求，也构成了多党合作运行的坚实基础。

在长期共存和推进共同事业发展的过程中，中国共产党既与各民主党派、无党派人士彼此信任、真诚合作、互相支持、协力共进，又把协助民主党派加强其自身建设作为一项重要政治责任，始终给予民主党派关心、支持和帮助。毛泽东明确提出，要用积极态度去支持民主党派，团结它们，使它们进步，帮助它们解决问题，带领它们共同前进。1949 年新型政党制度确立时，民主党派的成员很少，与国家赋予它们的政治地位和历史任务极不相称，也不利于多党合作的巩固发展。中共中央确定了帮助民主党派发展的方针，周恩来代表中共中央向各民主党派提出发展成员的建议，各民主党派的相关行政费、事业费、特别补助费等，全部从国家财政经费中支出。为适应由新民主主义到社会主义的转变，推动各民主党派中央及地方组织成立学习委员会，同时使它们在人民革命的实际斗争中获得锻炼，1956 年中国共产党在北京建立中央社会主义学院，作为各民主党派的联合党校。

改革开放后，中国共产党帮助民主党派适应新的形势任务，开始了全面加强自身建设的进程。《中共中央关于坚持和完善中国共产党领导的多党合作和政治协商制度的意见》明确提出，“民主党派需要加强思想建设和组织建设，首先是民主党派各级领导班子的建设”，各民主党派“要注意提高成员的素质”，“采取有效措施加强机关建设”。《中共中央关于进一步加强中国共产党领导的多党合作和政治协商制度建设的意见》

要求中共党委“把支持民主党派加强自身建设作为一项重要政治责任。支持民主党派根据各自章程规定的参政党建设目标，按照坚持中国共产党的领导、发扬社会主义民主、体现政治联盟特点、体现进步性和广泛性相统一的原则，以思想建设为核心，以组织建设为基础，以制度建设为保障，把自身建设提高到新的水平”。2006 年，胡锦涛在第二十次全国统战工作会议讲话中明确提出，既要全面推进党的建设新的伟大工程，又要积极支持民主党派加强自身建设，使执政党与参政党建设相互促进，更好地统一于多党合作、共创伟业的历史进程中。

在中国特色社会主义新时代，中共中央颁布的《中国共产党统一战线工作条例》，对支持民主党派加强思想政治、组织、能力、作风、制度建设和支持无党派人士加强自身建设作了明确规范。2019 年《中共中央关于加强中国特色社会主义参政党建设的意见》，在明确新时代民主党派自身建设的目标、原则和内容的基础上，要求中共各级党委把加强中国特色社会主义参政党建设纳入重要议事日程，纳入统一战线工作领导小组年度工作要点，纳入领导班子和领导干部考核内容；明确要完善党委统一领导、统战部门牵头负责、有关部门密切配合的工作机制，建立组织部门与统战部门联席会议制度，宣传部门与统战部门联系沟通机制，更好地为参政党建设创造条件、提供保障，推进民主党派自身建设迈上新台阶。中共中央办公厅批转中共中央统战部的《民主党派代表人士队伍建设规划（2018—2027 年）》，要求立足当前、着眼长远，科学规划民主党派代表人士队伍建设的目标任务、政策措施和制度保障，进一步拓宽选人视野、注重培养使用、加强监督管理、健全工作机制，努力建设一支政治坚定、素质优良、代表性强、结构合理、充满活力的民主党派代表人士队伍，为坚持好、发展好、完善好我国新型政党制度，巩固多党合作政治格局，实现“两个一百年”奋斗目标提供坚实的人才保障。

明确民主党派自身建设的内涵，是加强自身建设、发挥参政党作用的重要基础。新型政党制度确立后，随着社会主义事业的推进，中国共产党和各民主党派根据形势任务和作用发挥的需要，要逐步明确、丰富和完善民主党派自身建设的内涵，使民主党派切实做到与时俱进、与中国共产党俱进。

新中国成立初期，各民主党派中央分别召开会议，在认真总结历史经验基础上，以《共同纲领》作为各自的政治纲领，并在多党合作实践中逐渐形成了其自身建设的内容和要求。这些内容和要求主要是：参加思想改造运动，在思想上努力学习马列主义和毛泽东思想，树立坚强的群众观点与革命观点；巩固和发展组织，在民主集中制之下成为一个真正有力量的组织；加强党内思想教育、政策教育和端正作风教育，学会运用批评与自我批评的武器，克服那些缺乏组织纪律性的自由散漫现象，在斗争和工作中来改造自己。

改革开放和社会主义现代化建设新时期，中共中央批转的中共中央统战部《关于新时期党对民主党派工作的方针任务的报告》，就支持和协助民主党派加强自身建设明确了内容要求，主要是要求搞好各级领导班子建设，做好组织发展工作，加强思想建设，加强干部队伍和基层组织建设。1999 年，针对进入 21 世纪后国际国内形势任务的深刻变化，开放性、多样性的社会环境，以及民主党派新成员的大量增加，中国共产党协助各民主党派专门就加强自身建设问题进行座谈，形成了《各民主党派中央关于加强自身建设若干问题座谈会纪要》，提出坚持中国共产党领导和发扬社会主义民主的原则，坚持进步性与广泛性相统一的原则，从参政党性质、地位、特点和发挥参政党作用的要求出发，确定自身建设的目标和基本任务。要以搞好政治交接为主线，以思想建设为核心，以组织建设为基础，以制度建设为保障，努力把自身建设提高到新水平。

中国特色社会主义新时代，着眼中国新型政党制度的坚持、发展和完善，习近平总书记明确提出，“多党合作要有新气象，思想共识要有新提高，履职尽责要有新作为，参政党要有新面貌”。《中共中央关于加强中国特色社会主义参政党建设的意见》提出了“加强中国特色社会主义参政党建设”这一命题，赋予民主党派自身建设以新的内涵，即“高举中国特色社会主义伟大旗帜，以习近平新时代中国特色社会主义思想为指导，以思想政治建设为核心、组织建设为基础、履职能力建设为支撑、作风建设为抓手、制度建设为保障，建设政治坚定、组织坚实、履职有力、作风优良、制度健全的中国特色社会主义参政党”。

根据多党合作的初心和使命，以及形势任务的发展变化，中国共产党不断丰富、发展和创新民主党派自身建设的内涵，回答和解决了建设一个什么样的中国特色社会主义参政党和如何建设中国特色社会主义参政党这个基本命题，为切实加强民主党派自身建设，充分发挥中国特色社会主义参政党的作用，真正成为中国共产党的好参谋、好帮手、好同事，明确了政治方向、基本路径和着力重点。

领导班子建设是自身建设的关键，也是中国共产党协助民主党派加强自身建设的重点。1986 年，针对民主党派领导班子成员老化的问题，中共中央统战部就引进新人加强领导班子建设向各民主党派提出建议，即在继续支持民主党派中央、省级组织的老一辈领导人发挥作用的基础上，建议民主党派放宽视野，积极引进新人，影响作用较大的，尽快安排进入领导机构；在总体规划上，建议民主党派形成梯形的年龄结构和具有各方面人才的群体结构，以保证逐步实现新老合作和交替。中共中央统战部还要求各地统战部门协助民主党派负责同志充分酝酿、协商，及时掌握各方面人士的情况，帮助他们做好各方面思想政治工作。1990 年，中共中央组织部、中共中央统战部联合下发文件，要求中共各级党委和有关部门把协助民主党派加强领导班子建设作为一项紧迫的政治任务，推荐一批比较优秀、热心党派工作的非中共党员的中青年知识分子加入民主党派，有的可调入民主党派机关工作，条件适合的可进入领导班子，有的也可从事专职领导工作。经过 1992 年和 1997 年两次换届，各民主党派中央领导班子顺利完成新老交替基础上的政治交接，新一代领导人走上领导岗位。时任中共中央总书记的江泽民，会见并与各民主党派新任主席交谈，勉励他们着眼政治纲领、政治路线的延续和发展，着眼民主党派与中国共产党亲密合作关系的延续和发展，着眼老一辈民主党派领导人政治立场、优秀品质和优良传统的延续和发展，坚持做到政治方向不变，优良传统不变，优势和特色不变，肩负起时代赋予的重任。

能力建设是民主党派自身建设的重要内容和集中体现，也是其履行职能、发挥作用、体现价值的决定性因素。中国特色社会主义事业不断推进，为各民主党派履行参政议政职能、在国家政治社会生活中充分发挥作用，开辟了新的更加广阔的天地，也对其提出了新的更高的要求。2015 年，习近平总书记在过去提出的“四种能力”的基础上，增加了“解决自身问题能力”，从而形成了新时代加强民主党派参政能力建设的基本内涵。《中共中央关于加强中国特色社会主义参政党建设的意见》把履职能力建设作为新时代建设中国特色社会主义参政党的一个重要方面，提出了具体要求，为民主党派在新时代充分发挥中国特色社会主义参政党作用、提高中国新型政党制度效能提供了重要保证。

提高政治把握能力，是民主党派作为中国共产党的亲密友党和中国特色社会主义参政党的首要能力要求，也是形成思想政治共识、巩固团结合作的政治基础的根本保障。中国共产党支持各民主党派把提高政治把握能力作为思想政治建设的核心内容，即坚持以马克思列宁主义、毛泽东思想、邓小平理论、“三个代表”重要思想、科学发展观、习近平新时代中国特色社会主义思想为指导，通过基本理论、基本国情、基本路线教育，多党合作优良传统教育，形势、政策和任务教育，努力使民主党派成员提高思想政治素质，增强政治敏锐性、鉴别力和坚定性。深入开展“坚持中国特色社会主义”“不忘合作初心、继续携手前进”等主题教育活动，组织民主党派新老领导人，到西柏坡参观学习座谈，重温当年各民主党派响应“五一口号”，选择中国共产党领导，走上新民主主义和社会主义道路的过程，畅谈多党合作的美好前景和继往开来的政治责任。从而使各民主党派成员增强坚持中国共产党领导的政治自觉，坚定中国特色社会主义道路自信、理论自信、制度自信、文化自信，使多党合作始终具有牢固的政治基础和正确的政治方向。

提高参政议政能力，是民主党派履行参政党职能的内在要求，也是民主党派在国家政治社会生活中发挥主体作用的重要着力点。参政议政能力包括参政和议政这两个既相互联系又相互区别的方面，建立在广大成员能力素质提高的基础上，但它主要不是个人能力，而是参政党的整体能力、素质和水平。中国共产党把支持协助各民主党派加强组织建设作为提高其参政议政能力的根本和关键。一方面，在组织发展中坚持质量优先，严格标准条件，加强教育培训，以民主党派成员个人综合素质的提高促进其参政议政整体能力和水平的提高；另一方面，坚持界别特色与发挥功能优势的统一，努力克服组织发展中的“趋同”现象，着力发展和培育各民主党派中能体现各自界别特色的代表人士，在参政议政中更好地发挥各自的人才优势，有针对性、有重点地履行职能，使各民主党派在突出特色中提高质量，在优势互补中提升整体。

提高组织领导能力，是民主党派作为具有组织独立性的参政党的内在要求，也是在政权中合作的重要保障。各民主党派是一个从中央到地方的严密组织系统，要发挥参政党的整体作用，各级领导班子成员必须具有组织领导本领。一些民主党派成员成为党外领导干部后，要履行分管工作职责，也要具备相应的组织领导能力。而民主党派是以党外知识分子为主体，由于缺乏实践岗位历练，组织领导、行政管理能力薄弱是其普遍存在的“短板”。中国共产党在帮助民主党派学习、掌握和运用民主集中制的基础上，积极创造条件，加大其实践锻炼的力度。从 2011 年至 2019 年，中共中央统战部协同有关省市组织部门，在北京、上海、重庆、甘肃、贵州、四川、广西等省市自治区建立 7 个党外代表人士实践锻炼基地，每年组织 20 多名素质比较好的民主党派成员和无党派人士，到基地所在省市挂职地级市的副市长或省政府部门副厅局长，时间一年，让他们在履职实践中了解社情民意，熟悉政府工作，磨炼思想意志，提高组织领导能力，并将特别优秀的党外干部推荐到重要岗位培养和历练。各省区市统战部分别建立 110 个省级、近 300 个市级实践锻炼基地。一大批党外优秀领导干部脱颖而出，民主党派参政党的影响不断扩大。

提高合作共事能力，是建设高素质民主党派干部队伍的重要方面，也是民主党派作出贡献、体现价值的必然要求。中国新型政党制度的特点和优势是合作，民主党派履行职能、发挥作用的重要形式也在于合作。民主党派与中国共产党合作范围比较广泛，包括在人大、政府、政协、司法机关、高校、科研院所、大型国有企业等部门的合作共事，但最基本的是在政党之间、政权之中和政协之内的合作共事。提高政党之间的合作共事能力，主要是增强政党协商能力，民主党派要与中国共产党在重大问题、重大原则、重大决策等方面凝聚共识，同心协力，在促进执政党治国理政、攻坚克难中更好体现和发挥参政党作用；提高政权之中的合作共事能力，主要是在县以上国家权力机关、行政机关和司法监察机关中担任领导职务的民主党派成员，在切实履行职责、做到有位有为的基础上，要善于同中共党员领导干部协同配合，既能够实现中共党组的核心领导作用，又能够发挥党外干部的优势作用；提高政协之内的合作共事能力，主要是增强政治协商能力，在人民政协这个多党合作的重要机构和广阔平台中，民主党派成员以政党和政协委员的名义，参加各种会议和相关活动，履行政治协商、民主监督和参政议政职能。同时，在全面加强民主党派代表人士的培养使用，提高其综合素质和能力的基础上，还要增强民主党派的合作意识，提高其共事能力，形成共同推进中国特色社会主义事业的强大合力。

提高解决自身问题能力，是多党合作可持续发展的重要基础，也是巩固发展平等和谐的党际关系的重要保证。在多党合作中，中国共产党与各民主党派建立了平等和谐的党际关系，但由于民主党派的一些地方组织解决自身问题能力不强，一些内部事务的解决往往依赖中共地方党委和有关部门。民主党派各级领导班子由于其专兼职相结合的结构，往往出现个体优秀、整体不强的状况，解决自身问题能力比较欠缺。在中国共产党的支持协助下，各民主党派都把提高解决自身问题能力作为领导班子建设的重要目标和内容，在自我克服思想作风上的问题、自我化解领导班子内的各种矛盾、建立健全相关制度机制上下功夫，不断提高领导班子的整体素质，更好发挥整体作用。此外，民主党派还普遍建立内部监督机制。针对有的领导班子成员缺乏他律、自律精神不强的状况，完善监督制度和监督体系，并与国家监察制度相衔接，提高组织对个人的约束力，促进领导班子的自我纯洁和自我完善。

五、中国新型政党制度的实践效能

实践是检验真理的唯一标准。一个国家的政党制度是否具有优越性和生命力，主要不在于它是内生的还是外来的，是竞争性还是合作性的，更不在于自我感觉和标榜，而在于它在社会实践中所展现出来的实际效果。中国共产党领导的多党合作和政治协商制度的新型政党制度作为政治文明新形态，不仅体现在理论创新、形式独特上，还体现在促进物质文明和精神文明、推动社会进步和发展的独特作用上。

中国是一个有五千多年文明史的东方大国，但进入近代后落伍了，逐渐成为半殖民地半封建社会，国势衰败，民不聊生，积贫积弱，饱受欺凌。1949 年 10 月 1 日，毛泽东在北京天安门城楼庄严宣告中华人民共和国中央人民政府成立，中国人民从此站起来了。这一伟大事件彻底改变了近代以后中国的悲惨命运，中华民族从此走上了实现伟大复兴的壮阔道路。新中国成立 70 多年来，在中国共产党的坚强领导下，全国各族人民团结一心，迎难而上，开拓进取，奋力前行，从封闭落后迈向开放进步，从温饱不足迈向全面小康，从积贫积弱迈向繁荣富强，创造了一个又一个人类发展史上的伟大奇迹，中华民族迎来了从站起来、富起来到强起来的伟大飞跃，进入实现中华民族伟大复兴的最好时期。

2019 年国家统计局发布的新中国成立 70 周年经济社会发展成就系列报告，用大量数据和事实作了充分证明。1952 年我国国内生产总值仅为 679 亿元，人均国内生产总值为 119 元，2018 年达到 900 309 亿元，占世界经济的比重接近 16%，按不变价计算，比 1952 年增长 175 倍，年均增长 8.1%，人均国民总收入达到 9 732 美元，高于中等收入国家平均水平；新中国成立初期，全国科技人员不超过 5 万人，专门科技机构仅有 30 多个，到 2018 年，国防工业和国防科技体系初步建立，取得了“两弹一星”等重大成果，自 2013 年起成为世界第二大研发经费投入国，研发人员总量、发明专利申请量分别连续 6 年和 8 年居世界首位；新中国成立前，中国人曾被称为“东亚病夫”，新中国成立后，居民预期寿命由 35 岁提高到 2018 年的 77 岁；1956 年，全国居民人均可支配收入仅为 98 元，2018 年全国居民人均可支配收入达到 28 228 元；新中国成立初期，我国社会保障尚属空白，2018 年末，基本养老保险覆盖超过 9 亿人，医疗保险覆盖超过 13 亿人，基本实现全民医保；新中国成立到改革开放前，受外来封锁等影响，我国与世界其他国家的经济交往较少，改革开放以来，我国积极融入国际社会，在国际事务中发挥愈加重要的作用，到 2018 年，已与 25 个国家和地区达成了 17 个自贸协定，共建“一带一路”得到 160 多个国家（地区）和国际组织的积极响应。

新中国成立 70 多年来，取得的举世瞩目的巨大成就，发生的翻天覆地的变化，与中国共产党领导的多党合作和政治协商制度不可分割地联系在一起，并对这一新型政党制度效能作出了最有说服力的诠释。

凝聚经济社会发展的强大合力

解放和发展社会生产力，是国家富强、人民幸福的根本要求，也是检验一个国家政党制度的试金石。生产力是人类社会发展的最终决定力量。任何一种进步的、优越的社会政治制度和政党制度，最终都体现在对生产力的促进和推动社会进步上。毛泽东在新民主主义革命时期就指出："中国一切政党的政策及其实践在中国人民中所表现的作用的好坏、大小，归根到底，看它对于中国人民的生产力的发展是否有帮助及其帮助之大小，看它是束缚生产力的，还是解放生产力的。"

新中国是在一穷二白、百废待兴的基础上建设的，凝聚合力、加快发展，是中国走向繁荣富强、实现中华民族伟大复兴的根本任务。中国新型政党制度的合作性，决定了中国共产党与各民主党派、无党派人士在坚持走中国特色社会主义道路上的一致性，能够解决生产关系适应生产力发展过程中的各种矛盾和问题，形成解放和发展生产力的强大合力。新中国成立以来，各民主党派、无党派人士始终与中国共产党同心协力、共同奋斗，为中国经济社会发展凝聚了强大力量。

中国实行了两千多年封建土地所有制，进入近现代社会后，严重阻碍了经济社会发展。孙中山领导辛亥革命时，提出“平均地权”“耕者有其田”，但未能成为现实。代表大地主大资产阶级利益的国民党，极力反对和阻止中国共产党进行土地革命。新中国成立前，除有1.25亿人口的解放区进行了土地改革，全国尚有2/3的农民还被束缚在封建土地制度之下。

1950年6月，中央人民政府委员会通过《中华人民共和国土地改革法》，在全国范围内彻底进行了土地改革。这是彻底消灭封建剥削制度的深刻社会变革，也是解放发展农村生产力的必然要求。由于民主党派、无党派人士的社会基础是民族资产阶级和城市小资产阶级，不少人与地主阶级和土地有着千丝万缕的联系，有些人流露出“和平土改”的主张，有的散布“江南无封建”，有的甚至抱有抵触情绪。中共中央负责人与各民主党派、无党派人士协商座谈，在《共同纲领》基础上统一思想认识。各民主党派都发布了拥护支持土地改革运动的指示和决议。农工党向政协大会提出了《建议民主党派参加土改工作案》，强调无条件接受中国共产党的决议。李济深、张澜、黄炎培、马叙伦等民主党派领导人分别发表谈话，表示拥护土地改革法，并号召本党成员为土地改革圆满完成而努力奋斗。民革成员、爱国起义将领刘文辉说：“我就是一个大地主，拿四川话来说就是‘大绅粮’，我将无条件无保留地献出我所有的一切土地，分给农民。”

为打消一些民主党派成员的顾虑，发挥其积极作用，毛泽东提出，“状元三年一考，土改千载难逢”，“应当让他们去听听农民的诉苦，看看农民的欢喜，看看我们有些什么缺点和错误。这是一件有益的事情，应该欢迎他们去”。从 1951 年到 1952 年，全国政协先后组织中央及北京、天津两市的民主党派、人民团体、文教、科技、工商、宗教等各界人士 6 100 多人，组成 50 多个土改工作团和土改参观团，分赴各地参加或参观土改工作。民主党派成员既帮助农民进行翻身斗争，在实践中受到了教育和考验，又消除了对土改运动的疑虑，更加积极支持土改运动，并对纠正土改工作中的缺点和偏差提出建议，促进了土地改革顺利进行。

1952 年冬，土地改革基本完成。土地改革彻底铲除了封建统治的经济基础，根本改变了束缚农村生产力发展的生产关系，推动了农村生产力的发展。

从 1952 年开始，中国共产党将对私营工商业进行社会主义改造的任务提上日程，确定了对资本主义工商业实行限制、利用和改造的方针。具体步骤是：用三五年时间，将私营工商业基本引上国家资本主义（其高级形式是公私合营）轨道；再用几个五年计划的时间，完成社会主义改造，实现国有化。这是建立社会主义公有制的深刻社会革命，也是发展社会主义生产力的根本所在。

对资本主义工商业进行社会主义改造的对象主要是民族资产阶级。新中国成立后，它们既有剥削工人阶级取得利润的一面，又有拥护《共同纲领》、拥护共产党领导的一面。对社会主义改造，资本家并不是自觉自愿，而是充满担心和疑虑，甚至悲观失望。毛泽东两次邀请民主党派负责人和部分工商界代表人物座谈，殷切希望工商界代表人物认清社会发展规律，掌握自己的命运，主动接受社会主义改造，把自己从一个剥削者改造成为自食其力的劳动者。同时提出中国共产党对工商业者妥善安排的政策，强调对资本家"一个工作岗位，一个政治地位，都要安排好"。周恩来在全国政协常委扩大会议上，系统阐述了我国社会主义改造的方针步骤以及资本主义工商业的前途。中华全国工商业联合会会员代表大会开幕时，李维汉到会讲话，进一步阐述了党在过渡时期的总路线和对私营工商业实行利用、限制、改造政策的内容、意义和步骤，具体分析了和私人资本主义企业相比，国家资本主义企业所具有的优越性，从而增进和扩大了共识，赢得了理解支持。

各民主党派分别召开全委会并下发文件，要求成员拥护中国共产党的过渡时期总路线，协助国家完成社会主义改造，带动工商界积极接受社会主义改造。民建在第一次全国代表大会上提出，民建"负有协助国家对资本主义工商业逐步完成社会主义改造的特殊使命"，要在中共领导下，根据总路线的要求，"把工商业者成员培养、提高成为民族资产阶级中接受社会主义改造的骨干分子"，"协助国家顺利地逐步完成对资本主义工商业的社会主义改造"。民建成员将自己经营的企业率先实行公私合营，还参与金融业合营的筹备、联系和协调，协助政府做好清产核资、人事安排和定息工作，注重发挥工商界家属的特殊作用，为社会主义改造增加助力。

和平赎买是对资本主义工商业进行社会主义改造的基本方式。中共中央、国务院制定了以从宽照顾为核心的一系列方针政策。对清产核资中有关公私关系的问题，凡是可以从宽处理的一律从宽处理。在福利待遇上，尽量宽大。特别是在定息上，不分工商，不分大小，不分盈余户、亏损户，不分地区，不分行业，统统为年息5厘，个别需要提高息率的企业，可以超过5厘。这让当时对息率"坐三望四"的资本家喜出望外。中共中央决定，从1956年起，定息7年不变，如7年后工商业者生活还有困难，还可以拖个尾巴。到1963年，又决定延长3年。在人事安排上，实行"量才使用，适当照顾"。合营后的几十万原私营工商业者，有些人继续担任企业的领导职务，尽量发挥他们的才能；此外，还对老弱病残的私方人员作了适当安排；对工商界中有较大代表性的上层人士，还安排了政治职务。

通过共同努力，对资本主义工商业的社会主义改造顺利完成。到1956年底，在资本主义工业中占产值99.6%、占职工总数99%的企业已转变为公私合营企业；个体和私营商业总户数的82.2%和从业人员的85.1%转变为国营、合作社营、公私合营。在这场大规模的社会变革中，没有造成破坏和动乱，价值20多亿元的生产资料几乎没有损失，原工商业者继续发挥专长和能力，劳动生产率和营业额明显提高①。邓小平评价说：

① 当代中国研究所．中华人民共和国史稿：第1卷．北京：人民出版社，2012：208.

“我国资本主义工商业社会主义改造的胜利完成，是我国和世界社会主义历史上最光辉的胜利之一。”

1978年底，随着中国共产党十一届三中全会的召开，中国进入改革开放和社会主义现代化建设新时期。中国共产党确立了“以经济建设为中心，坚持四项基本原则，坚持改革开放”的基本路线，探索建设中国特色社会主义。各民主党派、无党派人士适应国家工作重点的战略转移，围绕经济建设这个中心，充分发挥人才智力优势，着眼重点和难点问题的解决，为深化改革和加快发展贡献了力量。

建设经济开发区，是改革开放、加快发展的重大战略举措。1990年，邓小平同几位中共中央负责人谈话时说，“上海是我们的王牌，把上海搞起来是一条捷径”。与此同时，民盟中央主席费孝通也在思考上海开发问题。1990年初，他对民盟中央副主席钱伟长、高天、叶笃义和秘书长吴修平说，孙中山先生曾计划在长江三角洲建立“东方大港”，我看上海最适宜，现在时机和条件都有了，可以把这个问题提到日程上来考虑。全国人大、政协召开会议期间，费孝通和钱伟长多次拜访上海、江苏、浙江代表团驻地，同当地领导和代表委员商讨开发长江三角洲的设想。1990年4月9日，民盟中央向中共中央报送了《关于建立长江三角洲经济开发区的初步设想》，提出长江三角洲是中国与世界联系的一个枢纽地带，在此建立经济开发区，对于促进以上海为中心的长江三角洲腾飞，从而带动全国经济发展具有战略意义。这个开发区以上海为龙头，江、浙为两翼，以长江流域为腹地，通过陇海铁路大动脉与西北原材料基地、“三线”蕴藏的技术力量相沟通，加速发展外向型经济。此后，费孝通又前往江苏、浙江、上海进行考察，与当地负责人作进一步探讨。1992年5月，民盟中央主席费孝通向中共中央提出《关于振兴上海经济的设想和建议》，提出长江是一条可以带动整个中国经济起飞的巨龙，而龙头就是上海，上海应该成为面向世界、商贾云集、四通八达的东方大港，成为全国的贸易、金融、信息、运输和科技中心，这是一个具有广大腹地的“香港”。时任中共中央总书记的江泽民专门约见费孝通，当面倾听有关情况和建议。不久，中共中央正式作出建立上海浦东经济开发区的重大决策，并在党的十四大报告中提出：“以上海浦东开发开放为龙头，进一步开放长江沿岸城市，尽快把上海建成国际经济、金融、贸易中心之一，带动长江三角洲和整个长江流域地区经济的新飞跃。”

对国家重大建设项目和发展战略进行联合考察调研，是各民主党派促进经济社会发展的“重头戏”。1993年以来，在中共中央统战部协调组织下，各民主党派和无党派人士先后就三峡工程、苏南和浦东改革开放、京九铁路沿线建设、西部大开发、中部崛起、应对亚洲金融风暴影响、青藏铁路沿线发展、新农村建设、可持续发展、两岸经济合作和“三通”、长江经济带建设等重大建设工程和重大战略的实施进行了考察调研，并向中共中央、国务院提出了意见建议。时任中共中央总书记江泽民主持召开座谈会，听取汇报和建议。从1986年到1999

年，各民主党派中央通过考察调研，提出重要意见建议160多项，为中共中央、国务院制定政策、作出决策提供了重要参考。这既开辟了民主党派参政议政的新途径，又促进了改革发展的顺利推进。

1992年10月，党的十四大提出了建立社会主义市场经济的改革目标。这是前无古人的伟大创举，是社会主义发展史上的重大突破，也是关系整个社会主义现代化建设全局的一个重大举措。各民主党派把促进社会主义市场经济体制的建立和完善作为建言献策的中心环节，积极协助和配合中国共产党，探索和建立有利于生产力发展的多样化的公有制实现方式，促进公有制经济发展；积极参与制定和完善相关法律政策，促进多种所有制经济在社会主义市场经济中平等竞争、健康发展；支持和参与国有企业改革改组，进一步转换国有企业的经营机制，建立适应市场经济要求、产权清晰、权责明确、政企分开、管理科学的现代企业制度；坚持以公有制为主体、多种经济成分共同发展的方针，做好与党派有联系的非公有制经济人士的工作，配合有关方面帮助和引导非公有制经济健康发展；协助有关部门做好培养造就企业家的工作，促进符合社会主义市场经济运行规律的人才成长机制的形成，建立全国统一开放的市场体系，实现城乡市场紧密结合，推动国内市场与国际市场相互衔接，促进资源的优化配置。同时，充分发挥人才智力优势，就发挥市场机制作用、加强宏观调控、调整优化经济结构、建立现代企业制度、发展教育科学技术、转变政府机构职能、收入分配制度改革、建立社会保障制度等，组织党派中央和地方组织的力量，进行专题调研，提出意见建议，在建立社会主义市场经济体制、加快经济改革步伐的历史变革中，努力发挥参政党的作用。

进入中国特色社会主义新时代，中国经济已由高速增长阶段转向高质量发展阶段。习近平总书记在党的十九大报告中提出："建设现代化经济体系是跨越关口的迫切要求和我国发展的战略目标。"他还强调："必须坚持质量第一、效益优先，以供给侧结构性改革为主线，推动经济发展质量变革、效率变革、动力变革，提高全要素生产率，着力加快建设实体经济、科技创新、现代金融、人力资源协同发展的产业体系，着力构建市场机制有效、微观主体有活力、宏观调控有度的经济体制，不断增强我国经济创新力和竞争力。"各民主党派结合自身优势，密切与党政部门协作配合，就相关问题有针对性地开展了重点调研，自觉服务、努力促进现代化经济体系的建设。

制造业是国民经济的主体，是立国之本、兴国之器、强国之基。装备制造是衡量国家制造业核心竞争力的主要标志和工业发展的脊梁。中国共产党十八届三中全会提出实施"创新驱动发展"战略后，致公党立即以"创新驱动促进装备制造业结构调整"为主题，从 2014 年 2 月开始，联合工信部、科技部、国家发改委、财政部等部门，邀请党内相关领域的专家学者，围绕"装备制造企业自主创新""重大技术装备自主化""装备基础核心能力提升"等问题，采取实地考察企业和召开座谈会相结合的方式，到黑龙江、辽宁有关地区进行调研，总结企业和地区创新驱动发展和转型升级的经验，分析新形势下创新驱动发展面临的新情况新问题，探索寻求促进中国装备制造业由大变强的有效途径，提出了《关于创新驱动促进装备制造业结构调整的建议》，并报送中共中央和国务院。国务院作了重要批示。2015 年 5 月，国务院吸纳了致公党中央的建议，并发布了实施制造强国战略的第一个十年行动纲领《中国制造 2025》。

实施创新驱动发展战略，把创新摆在国家发展全局的核心位置，让创新成为驱动发展的新引擎，是主动适应和引领经济发展新常态，实现我国经济提质增效升级的必由之路。2015 年，民建中央以“加快科技成果转化和技术转移，促进创新驱动发展战略实施”为主题，赴江苏、河南、湖北、北京开展调研，与各级政府有关部门、高等学校、科研院所、企业、科研成果转化机构等召开 12 场座谈会，深入了解情况、经验和存在的问题，形成了《加快科技成果转化和技术转移，促进创新驱动发展战略实施》的调研报告，提出八条建议。国务院作了批示。建议内容在 2016 年国务院办公厅印发的《促进科技成果转移转化行动方案》，教育部、科技部印发的《关于加强高等学校科技成果转移转化工作的若干意见》，中国科学院、科技部关于印发《中国科学院关于新时期加快促进科技成果转移转化指导意见》的通知，中国银监会（现中国银行保险监督管理委员会）、科技部、中国人民银行印发的《关于支持银行业金融机构加大创新力度　开展科创企业投贷联动试点的指导意见》，中国技术交易所发布的《关于国有科技成果公开交易的实践探索》等中得到体现。

中国西北地区地域广袤，横跨陕西、甘肃、青海、新疆、内蒙古、宁夏六省区，其经济发展关乎整个中国经济社会发展。2013年，民盟中央组织有关院士和专家，以西北旱区农牧业可持续发展为主题，赴宁夏、甘肃进行实地调研，山西、陕西、青海、新疆等地区的民盟组织配合调研，向中共中央、国务院递交了《关于加强西北旱区农牧业可持续综合开发，提高我国粮食安全保障能力的建议》，提出实施科技创新驱动的旱作节水工程，主张加快推进农业结构战略性调整，加强农业资源和生态环境保护，启动实施南水北调西线工程，加快构建新型农业政策支持体系，深化制度创新。习近平总书记、李克强总理作出重要批示，国务院专门会议还邀请民盟中央负责人出席，与有关部委共同商讨，研究提出了相关支持政策。2015年7月，农业部、国家发改委、科技部、财政部、国土资源部、环保部、水利部和国家林业局（现国家林业和草原局）等七部门联合制定下发《促进西北旱区农牧业可持续发展的指导意见》，2016年1月，农业部印发《西北旱区农牧业可持续发展规划（2016—2020年）》，有力促进了西北地区经济社会的发展。

长江经济带横跨中国东中西三大区域，流域面积180万平方千米，覆盖上海、江苏、安徽、湖北、重庆等11省市，人口和生产总值均超过全国的40%。党的十八届三中全会以来，长江经济带发展战略成为国家发展战略之一。各民主党派发挥自身优势，积极为长江经济带发展贡献力量。民进中央从2007年到2017年，邀请全国政协、国家相关部委、地方政府、高等院校、科研机构、世界环保组织负责人和专家学者，相继在长江沿线的湖北、江西、湖南、重庆、四川、上海举办了六届研讨会，求解困扰长江的深层次问题，并就长江的保护与发展，向中共中央、国务院、全国政协大会报送和提交报告、建议、提案和发言16件（次）。民建中央于2015年初，以“加强经济合作，推动长江经济带健康发展”为主题，邀请国家发改委综合运输研究所、交通运输部规划研究院、长江沿线地区口岸管理单位、高等院校、有关金融机构等各方面专家学者参加，到四川、重庆、安徽、湖北、上海进行调研，长江经济带沿线11个省市民建地方组织协同调研，向中共中央、国务院报送了《加强经济合作，推动长江经济带健康发展》的专题调研报告。九三学社把“长江上游水利水电工程对全流域生态环境影响”作为调研课题，邀请水利部、环保部等相关部门参加，14个省级组织同步参与，以安徽铜陵、重庆涪陵、湖南岳阳为重点展开调研，形成了《关于长江上游水利水电工程对全流域生态环境影响的调研报告》。调研报告提出的意见建议受到党和国家领导人的重视，国家有关部门制定下发文件，促进了长江流域经济社会健康发展。

随着习近平总书记“一带一路”重大倡议的提出，一幅面向世界、横贯东西、共谋发展的宏伟蓝图从此展开。为精准补齐国家建设布局和区域发展不平衡的短板，推进“一带一路”建设与整个西北地区发展衔接融合，民革中央邀请中共中央和国家有关部委的同志、民革党内外专家学者及企业、西北6省区的民革组织共同参与，经过4年的持续调研，向中共中央报送了《关于确立“一带一路”西北发展战略的建议》。该文件提出建立西北地区合作发展机制，加强统筹指导和综合协调，推动六省区发挥优势、相互借力、抱团发展；进一步提高互联互通设施水平，统一规划西北地区对接“一带一路”的基础设施，增强西北地区东进西出、北上南下的连接性，为要素集聚和产业发展创造条件；提高西北地区信息基础设施水平和国际通信出入口能力，打造和平、安全、开放、合作的网上“一带一路”。此外，就加强协同发展，带动西北地区经济转型升级提出了具体路径。习近平、李克强等中共中央和国务院领导同志作了重要批示，“一带一路”领导小组办公室、国家发改委、商务部、交通运输部等进行了具体研究，进一步完善了有关政策举措。

多党合作促进经济社会发展的实践成果，充分说明了新型政党制度能够整合全社会资源，调动各方面积极性，将社会分化的各种利益、要求、主张，吸收并同化于推进共同事业发展的历史过程，从而形成推进经济社会发展的强大合力。这也为社会主义能够集中力量办大事作了最有说服力的诠释。

发展全过程人民民主的制度机制

民主是中国共产党始终高扬的旗帜。1949 年 6 月，毛泽东在《论人民民主专政》中深刻指出：“总结我们的经验，集中到一点，就是工人阶级（经过共产党）领导的以工农联盟为基础的人民民主专政。”改革开放和社会主义现代化建设新时期，邓小平深刻指出：“没有民主就没有社会主义，就没有社会主义的现代化。”进入中国特色社会主义新时代，习近平总书记在党的十九大报告中指出，“发展社会主义民主政治就是要体现人民意志、保障人民权益、激发人民创造活力，用制度体系保证人民当家作主”，并在深化对民主政治发展规律的认识的基础上，提出了“发展全过程人民民主”的重大命题。在党的二十大报告中，习近平总书记进一步指出，“人民民主是社会主义的生命”，“全过程人民民主是社会主义民主政治的本质属性，是最广泛、最真实、最管用的民主”。民主也是各民主党派和无党派人士始终不渝的追求。在新民主主义革命时期，各民主党派与中国共产党共同反对国民党一党专政，为建立民主政治而奋斗。新中国成立后，各民主党派积极为巩固人民民主专政的国家政权、建立社会主义制度贡献力量。改革开放以来，扩大社会主义民主、发展社会主义民主政治、建设高度民主的社会主义国家，始终是各民主党派政治纲领的重要内容和各民主党派发挥参政党作用的实践方向。中国共产党与各民主党派在发展民主上同频共振，使坚持人民民主、发展社会主义民主政治、建设社会主义协商民主、着力实现全过程人民民主，成为新中国成立 70 多年来多党合作的共同目标、重要内容和基本路径，也成为新型政党制度的鲜明特色和显著成效。

建立人民代表大会制度，是实现全过程人民民主的根本制度保障。1952 年 12 月，周恩来代表中共中央在全国政协常委扩大会议上提议，由政协向中央人民政府委员会建议，在 1953 年召开全国人民代表大会和地方各级人民代表大会，并着手起草宪法草案。与会的李济深、马叙伦、许德珩、彭泽民、章乃器、张奚若和王芸生等，分别代表民革、民进、九三学社、农工党、民建和无党派人士发言，一致赞同中共中央的提议。1953 年 1 月，全国政协常委会听取并讨论周恩来关于召开全国人民代表大会及地方各级人民代表大会的决议草案的说明，包括各民主党派和无党派人士在内的常务委员都同意这个决议草案。1953 年 1 月，中央人民政府认为召开全国人民代表大会及地方各级人民代表大会、制定宪法的条件已经成熟，一致通过召开全国人民代表大会及地方各级人民代表大会的决议。各民主党派都对成员提出了要求：加强学习，积极参与和配合中国共产党进行人民代表选举，制定宪法，建立人民代表大会根本政治制度。民促主席马叙伦发表《实施共同纲领所规定的人民代表大会制度》，热烈拥护中央人民政府关于召开全国及地方各级人民代表大会的决议。李济深在第二届民革中央常委会报告中明确要求，我们党应在党员和群众中加强对新民主主义思想和共同纲领的学习和教育。加强大家对于人民民主制度的优越性的认识，进一步巩固人民民主专政。应唤起大家对于人民代表大会、人民宪法和祖国建设计划的重视和研究，在各自的岗位上做好关于政权建设的各种工作。

宪法是国家的根本大法。中央人民政府通过召开人民代表大会的决议时，决定成立以毛泽东为主席的宪法起草委员会。各民主党派和无党派人士积极配合协助，为制定中华人民共和国第一部宪法贡献力量。在宪法起草委员会 32 名委员中，民主党派和无党派人士有 13 名。民进中央领导人叶圣陶担任宪法修改的语文组顾问。民建主任委员黄炎培在中央人民广播电台播讲，号召民建会员、工商界朋友，认真学习讨论中华人民共和国宪法草案。对于宪法修改，各民主党派和无党派人士多次认真讨论，积极提出修改意见，并积极配合和参与全国人口普查和全国普选工作。1954 年 9 月，第一届全国人民代表大会第一次会议在北京召开，大会一致通过《中华人民共和国宪法》，还通过了《中华人民共和国全国人民代表大会组织法》《中华人民共和国国务院组织法》《中华人民共和国法院组织法》《中华人民共和国人民检察院组织法》《中华人民共和国地方各级人民代表大会和地方各级人民委员会组织法》。这标志着人民代表大会制度正式确立，为实现人民民主、发展社会主义民主政治提供了根本保证。

实现人民当家作主，需要形成完备的法律制度体系，保证人民管理国家事务，管理经济和文化事业，管理社会事务。各民主党派作为参政党，参与了国家所有重要法律制度的协商、制定和审议，同时，紧紧围绕建设社会主义民主政治和贯彻依法治国方略，为社会主义各项制度和法律的建立完善贡献了力量。例如，《关于在宪法中明确规定中国共产党领导的多党合作和政治协商制度的建议》《关于推进我国农村土地制度改革的几点建议》《关于〈基本医疗卫生法〉立法基本原则和重点内容的有关建议》《关于精准立法促进社会文明的建议》《关于转变立法理念，注重多元共治，加快完善土壤污染防治基本法律制度的建议》《关于尽速制定“反分裂国家行为法”的建议》《关于加快我国金融监管体制改革的提案》《关于加强涉水体制机制改革确保我国水安全的建议》等意见建议和提案，为构建中国特色法律体系，完善制度机制，维护国家和人民利益，体现和实现人民管理国家事务的权利，发挥了积极的促进作用。

教师被誉为人类灵魂的工程师，也是发展教育的基本保证。改革开放初期，教师外流、弃教改行，教师队伍不稳定，成为普教事业发展的潜在危机。1984 年，民促同全国教育工会、全国政协教育组联合对教师地位和教师权益问题进行了调研，在调研报告中提出，必须进行立法，依法治校，用法律来保障教师的政治地位、社会地位和合法权益，从根本上稳定教师队伍。1986 年初，时任民进中央常委、中国教育工会全国委员会主席的方明收到广东石人嶂钨矿中学教师朱源星寄来的“教师法”设想稿，并以此为基础组成研究起草小组。1986 年 3 月，民促 20 位全国政协委员，在全国政协六届四次会议上联名提出《尽早制定“教师法”案》。1988年3月全国政协七届一次会议上，方明和民进中央副主席、全国政协常委葛志成联名作了《制定〈教师法〉，提高教师地位和待遇》的发言。1991年8月，中国教育工会、民进中央、中国陶行知研究会、北京市教育科学研究所、北师大教育科学研究所联合起草的《中华人民共和国教师法（草案）》提交七届全国人大常委会第二十一次会议审议，并根据全国人大常委会要求和中共中央、国务院发布的《中国教育改革和发展纲要》有关精神，又作了多次修改论证。1993年10月31日，《中华人民共和国教师法》由第八届全国人大常委会第四次会议通过并公布。

涉台法律问题是反分裂斗争中一个极为重要的问题。长期以来，台湾当局为实现台湾的“法理独立”作了大量准备，进行了6次所谓的“修宪”。2000年全国政协九届三次会议上，民革中央以“提案”的形式提出《关于尽速制定“反分裂国家行为法”的建议》，并就制定这部法律的重要性和紧迫性、法案名称、立法原则和内容作了重点说明。提案受到中共中央和国家有关方面的高度重视，国务院台湾事务办公室认为，“制定关于解决台湾问题的国家法律意义重大”，必须“深入研究”。根据全国政协委员、全国人大代表提出的对台立法的提案和议案，全国人大有关部门起草了《反分裂国家法（草案）》。2005年3月，《反分裂国家法》由十届全国人大三次会议通过并予以公布。《反分裂国家法》的制定颁布，为坚持和贯彻党和国家对台工作方针政策，坚持反对和遏制“台独”，推动两岸关系和平发展，促进祖国完全统一，提供了根本法律保障和依据。

促进和实现科学民主决策是人民民主的精髓。人民参与国家政权，参与国家事务的管理，参与经济、文化和社会事业，归根到底都要在执政党和政府的决策中体现出来。中国共产党要领导和执政，支持和实现人民当家作主，推进国家建设和发展，维护和实现人民利益，关键是要科学民主决策。邓小平指出，“在国家政治生活和各项事业中，由于中国共产党居于领导的地位，党的路线、方针、政策正确与否，工作做得好坏，关系着国家的前途和社会主义事业的成败”。习近平总书记也强调：“我国是一个大国，决不能在根本性问题上出现颠覆性错误。”因此，促进和实现科学民主决策，就成为中国共产党与各民主党派、无党派人士多党合作的要旨，也是参政党的重要价值所在。

中国共产党坚持科学民主决策，最基本的就是商量办事。我们的政府是商量的政府，是同人民商量办事的。涉及全局的大政方针必须经过协商，重大决策要取得多数人的同意才能实行。新中国成立后，中国共产党和政府在作出重大决策之前，都要通过最高国务会议、民主协商会、专题座谈会、政治协商会议、高层次小范围谈心活动等多种形式，或通过个别交谈、书面通信等方式，与各民主党派和无党派人士进行协商交流，听取其意见建议。改革开放后，在决策之前和决策执行的过程中，协商逐步制度化规范化。中共中央代表大会文件、经济社会发展的规划部署和方针政策、特别是关于改革开放和社会主义现代化建设的纲领性文件的确定，都要通过政治协商，都要听取民主党派和无党派人士的意见建议。2002 年，中共中央召开的党外人士座谈会结束后，中共中央领导同志召集中共中央办公厅、中共中央统战部、国务院办公厅、国家发展计划委员会（现国家发展和改革委员会）、劳动和社会保障部（现人力资源和社会保障部）、中国人民银行、国务院侨务办公室等负责同志开会，就各民主党派中央和无党派人士关于全球化经济科技发展、防范金融风险、网络安全、原工商业者生活困难、侨务工作等提出的意见建议，进行专题研究部署，提出解决措施。中共中央政治局常委会研究决定，对党外人士提出的有关问题和建议，各有关部门能采纳的要充分予以采纳，暂时不能采纳的要讲明道理，要求党委每年都要专题研究党外人士的意见建议，并及时反馈，形成制度。2004 年，《中共中央关于加强党的执政能力建设的决定》初稿形成后，时任中共中央总书记胡锦涛主持召开座谈会，听取各民主党派中央、全国工商联负责人和无党派代表人士的意见，其中有 22 条意见被采纳，并根据各民主党派领导同志的意见，专门增加了对港澳台工作、军队以及国防建设的论述。2012 年到 2015 年，中共中央或委托中共中央统战部召开的民主协商会、座谈会、情况通报会共 57 次，其中习近平总书记主持召开 11 次；各民主党派中央向中共中央、国务院报送书面意见建议共 265 件，其中 223 件得到中共中央和国务院领导同志批示。

各民主党派和无党派人士就国计民生的重大问题提出意见建议，中国共产党和政府在政策、法律和决策中合理吸纳，并落实到兴国为民的实践之中。这既是参政党和执政党履行职能、实现科学民主决策的集中体现，又是全过程人民民主的重要实现形式。于是，一幕幕民主党派和无党派人士积极献策，中国共产党和政府合理吸纳的民主政治图景，在新型政党制度搭建的政治协商平台上不断展现出来。

20 世纪 70 年代以来，以高科技为核心的新一轮科技革命对社会生产力的提高和人类创造力的发挥，产生了巨大的推动作用，引起了经济、政治、军事、社会、文化等各方面的深刻变化。1986 年 3 月，王淦昌、陈芳允、杨嘉墀、王大珩等四位中国科学院院士，向中共中央提出《关于跟踪研究外国战略性高技术发展的建议》。邓小平在这份建议上批示，“这个建议十分重要”，并请国务院负责同志主持，“找些专家和有关负责同志讨论，提出意见，以凭决策”。经数百位科学家广泛、全面、严格的科学论证后，中共中央、国务院批准了《高技术研究发展计划纲要》（“863 计划”），旨在从世界高技术发展趋势和中国的实际需要出发，坚持“有限目标，突出重点”的方针，选择生物技术、航天技术、信息技术、激光技术、自动化技术、能源技术和新材料 7 个领域 15 个主题作为我国高技术研究与开发的重点，通过 15 年的努力，在所选的高技术领域，瞄准世界前沿，缩小与发达国家的差距，带动相关领域科学技术进步，造就一批新一代高水平技术人才，为未来形成高技术产业准备条件，在20世纪末特别是21世纪初推动我国经济和社会向更高水平发展，并为国防安全创造条件。“863计划”把中国一下子推到了世界高科技竞争的起跑线上，对中国科学技术的发展、科技体制改革乃至人们思想观念的转变，都产生了深远影响，成为中国科学技术史上的里程碑。

大数据是“未来的新石油”和驱动信息社会发展的核心要素之一，其发展和应用能够有力驱动经济转型升级，增强社会治理能力，提升国家安全保障水平。中国共产党十八届五中全会和《中华人民共和国国民经济和社会发展第十三个五年规划纲要》对实施大数据战略作出部署后，民盟中央邀请盟内外信息产业、互联网产业等大数据发展方面的专家学者组成调研组，就“推进大数据发展”主题，到大数据产业发展走在全国前列的贵州等地进行专题调研，又邀请中国电子信息产业发展研究院等研究机构的大数据专家和盟内外专家进行交流讨论，深入论证，在完成《关于我国大数据发展情况调研报告》基础上，提出了《关于加快大数据安全保障能力建设的建议》，报送中共中央和国务院。习近平总书记、李克强总理等中央领导同志作出重要批示，中国网络安全和信息化领导小组召集中央军委、国防部、国家发改委、教育部、科技部、工信部、财政部、人社部、交通运输部、中国人民银行、国家标准委等部门的同志进行座谈，推进了中国大数据稳步发展。

医疗卫生体制改革被称为世界难题。2015年，《中共中央关于制定国民经济和社会发展第十三个五年规划的建议》提出："推进健康中国建设。深化医药卫生体制改革，实行医疗、医保、医药联动，推进医药分开，实行分级诊疗，建立覆盖城乡的基本医疗卫生制度和现代医院管理制度。"农工党中央抓住医疗、医保、医药"三医联动"这一关键，连续5年开展全方位、成体系的调查研究，相继向国务院报送了《关于建立符合国情、体现规律、促进发展的医疗保障管理体制的有关建议》《关于构建统筹协调一致的医保管理体制的建议》《关于统筹基本医保管理，加快推进医改向纵深发展，尽快设立国家医疗保险局的工作方案建议》《关于将基本医保政策制定纳入医改领导小组权责范围的建议》《关于建立医疗卫生机构核心用药制度及做好药品集中采购工作的建议》《关于保障短缺药品供应的几点建议》，为探索"医改"这个世界性难题的中国式解法建言献策。李克强等中共中央和国务院领导同志作了重要批示，许多建议被有关部门采纳，对国家建立健全医保制度发挥了积极作用。

加强两岸经济合作交流，促进祖国和平统一，是包括中国共产党和各民主党派在内的中国人民的历史使命。2008年，台盟中央围绕如何以海峡两岸为衔接区，进一步促进台湾与祖国大陆的融合问题到福建调研，提出了构建"海峡经济区"的战略构想，即以促进海峡西岸的发展为起点，构建一个包括东岸的台湾、西岸的福建以及浙南地区、粤东地区、腹地江西中东部在内的"海峡经济区"，作为两岸人民交流合作先行先试的试验区，探索两岸经济、社会和文化的进一步融合。《关于构建“海峡经济区”的几点建议》以及相关研究报告送交中共中央、国务院后，李克强等领导同志作出重要批示，商务部等有关部门专门邀请台盟中央召开座谈会，当面交换意见。2009年，国务院制定下发《关于支持福建省加快建设海峡西岸经济区的若干意见》，将建设海西经济区上升为国家战略，完善了沿海地区的经济布局，促进了两岸的交流合作。

监督是民主的重要体现，也是实现民主的重要保障。中国共产党与各民主党派在协力推进全过程人民民主的进程中，把民主监督作为执政党跳出“其兴也勃，其亡也忽”这一历史周期率的新路，着力加强民主党派和无党派人士对中国共产党的监督，使这条新路不断拓宽。毛泽东在新中国成立初期就指出：“我们要有气魄，不怕批评，我们连蒋介石都不怕，还怕民主人士的批评?”改革开放后，邓小平深刻指出，“由于我们党的执政党的地位，我们的一些同志很容易沾染上主观主义、官僚主义和宗派主义的习气”，热诚希望各民主党派和工商联，以主人翁的态度，“就国家的大政方针和各方面的工作，勇敢地、负责地发表意见，提出建议和批评，做我们党的诤友，共同把国家的事情办好”。从2006年开始，中共中央统战部协同七部委建立了党外特约人员工作制度，聘请各民主党派和无党派人士担任各级政府部门和司法监察机关的特邀监察员、检察员、审计员、教育督导员、党风监督员。在中国特色社会主义新时代，习近平总书记明确要求，中共各级党委要有广纳群言的胸怀、从善如流的气度，主动接受、真心欢迎人民政协民主监督，认真倾听来自人民政协的批评和建议，改进工作作风，提高工作水平。2016 年的《中国共产党党内监督条例》，明确提出："各级党组织应当支持民主党派履行监督职能，重视民主党派和无党派人士提出的意见、批评、建议，完善知情、沟通、反馈、落实等机制。"中共中央还就改革发展中的一些重大事项，委托各民主党派进行专项监督。2018 年，各民主党派中央受邀派员参加国务院扶贫开发领导小组脱贫攻坚督查巡查工作，对中西部 22 个省、自治区、直辖市开展督查巡查，拓展了民主监督的新领域和新方式。

在促进国家重大战略决策实施中发挥民主监督作用。三峡工程是当今世界建设规模最大、技术最复杂、影响最深远的水利枢纽工程之一，也是功在当代、利在千秋的民生工程。从 20 世纪 80 年代中期开始，中共中央、国务院多次召开会议进行论证和听取各方面意见。民革中央副主席孙越崎，会同有关方面专家就"长江流域综合治理规划及三峡工程问题"多次展开实地调查，在应邀出席会议时，多次发言陈述自己的不同观点，并提交了亲笔撰写的 3 万言意见书。民盟中央副主席陶大镛在论证三峡工程的汇报会上大声疾呼：对于像三峡水库这样举世无双的超级工程，要全面考虑经济效益、社会效益和环保效益的统一，宁可把各种各样的困难估计得多一些，把问题看得严重一些，万万不可强迫命令，以免愧对子孙后代。时任中共中央总书记江泽民对此高度赞扬，称他们是共产党的亲密诤友。在三峡工程建设中，各民主党派通过认真调查研究，对工程建设中的移民安置、环境保护、文物保护、反腐败等方面的问题，提出很多建设性意见和建议。2006 年 10 月，民盟中央副主席张梅颖率全国政协视察团视察整体竣工后的三峡大坝，三峡建设委员会主要领导握住她的手说，“三峡大坝建设的成功，首先要感谢民盟和各民主党派在论证时的诸多质疑，因为这些质疑都是建立在科学的基础上。三峡大坝正是在反复的探索和实践中解决了一个个质疑，有的是在世界范围内招标破题的，可以说正是这些质疑成就了三峡工程的成功”。

在促进全面深化改革中发挥民主监督作用。习近平总书记指出，很多重大改革已经进入推进落实的关键时期，改革任务越是繁重，越要把稳方向、突出实效、全力攻坚，通过改革有效解决困扰基层的形式主义问题，继续把增强人民群众获得感、幸福感、安全感放到突出位置来抓，坚定不移推动落实重大改革举措。各民主党派把推进重大改革措施的落实作为民主监督的重点，重点就改革决策和举措的落实落地提出意见、批评和建议。根据山东省委制定的实施方案，7 个民主党派的省级组织每年围绕全省重点改革事项分别选取 1 个专题开展专项监督，并共同选定 1 个专题开展联合监督。2017 年至 2019 年，山东省各民主党派组织围绕环境公益诉讼试点工作、大气污染综合治理、混合所有制改革、城镇普通中小学大班额问题、医联体建设、仿制药一致性评价等重点改革事项，开展专项民主监督 21 次，围绕气代煤、电代煤改造情况、中央环保督察反馈问题整改情况、民营企业科技创新政策落实情况，开展联合监督 3 次，作出专题报告送省委、省政府领导参阅，提出的 30 多条意见建议已由有关部门（单位）研究办理，助力了山东省全面深化改革的推进。

在攻坚克难中发挥民主监督作用。坚决打赢脱贫攻坚战，让贫困人口和贫困地区同全国一道进入全面小康社会，对于缩小区域发展差距、实现共同富裕具有重大意义。2016 年 6 月，受中共中央委托，各民主党派中央分别对口贵州、河南、广西、湖南、云南、四川、陕西、甘肃 8 个全国贫困人口多、贫困发生率高的中西部省区，开展脱贫攻坚专项监督。各民主党派中央分别成立由主席任组长的领导小组和分管副主席负责的办公室，建立了监督专家组、顾问组，把开展脱贫攻坚专项监督作为一项重要政治任务，进行动员部署，全面开展工作。各民主党派依托地方各级组织建立大量监测点、观察点，聘请扶贫一线同志担任监测员；协调东中部党派基础好的省级组织与对口省区的地市一对一结对子，实现监督工作全覆盖；聚焦脱贫攻坚的“困中之困，坚中之坚”，瞄准典型地区、典型领域、典型人群，进行多层级、立体式、跟踪性调研，着力摸实情、出实招、办实事，助力攻克脱贫重点问题和难点关卡，推动扶贫政策红利落地见效。5 年时间，各民主党派中央共组织调研 590 多次，向对口省区各级党委、政府提出意见、批评、建议 2 400 多条，向中共中央、国务院报送监督报告 40 份、“直通车”意见建议 47 份，其中多篇得到了习近平、李克强等中共中央领导同志的批示，为帮助对口省区党委、政府加强和改进脱贫攻坚工作、打赢脱贫攻坚战作出了重要贡献。

在执政党建设和改进作风中发挥民主监督作用。中国共产党无论是20世纪50年代整风，还是20世纪80年代整党，都请各民主党派和无党派人士提出意见和批评。各民主党派在协商议政、建言献策中，适时就执政党建设和领导干部作风存在的问题提出批评和建议。腐败是执政党肌体上的癌细胞。在中共中央统战部召开的“征求对中共中央政治局加强作风建设的意见”座谈会上，民革中央就落实“八项规定”有关问题，强化对“关键少数”的监督等提出建议，并向中共中央纪委报送了《关于推进惩治和预防腐败体系建设的建议》。针对近年来一些党政领导干部和国企厂长经理腐败犯罪后，为逃避打击，往往携卷巨款潜逃海外，并成为经济犯罪和腐败现象的新动向的状况，台盟中央在全国政协十届二次会议上提交了关于建立党政领导干部和国企厂长经理直系亲属出国留学、定居报备制度的提案。该提案受到中共中央纪委的重视，时任中共中央书记处书记、中央纪委副书记何勇作了“先行试点，并慎重研究”的批示，并提出具体要求。

新中国成立70多年来，中国共产党和各民主党派、无党派人士坚持党的领导、人民当家作主、依法治国的有机统一，不断健全全面、广泛、有机衔接的人民当家作主的制度体系，构建了多样、畅通、有序的民主渠道，形成了中国特色协商民主体系，全过程人民民主不断向广度和深度发展，保证和实现了人民依法实行民主选举、民主协商、民主决策、民主管理、民主监督，把人民当家作主具体地、现实地体现到了党治国理政的政策措施上来，这些生动实践和取得的历史性成就，有力证明了中国共产党领导的多党合作和政治协商制度的新型政党制度，既是实现人民当家作主的基本政治制度保障，也是推进全过程人民民主的重要力量。

奠定国家团结稳定的坚实基础

政治稳定、社会和谐，是国家改革发展的重要基础。毛泽东在新中国成立后指出：“国家的统一，人民的团结，国内各民族的团结，这是我们的事业必定要胜利的基本保证。”邓小平在改革开放后强调：“没有稳定的环境，什么都搞不成，已经取得的成果也会失掉。”在中国特色社会主义新时代，习近平总书记明确要求：“发展是硬道理，稳定也是硬道理，抓发展、抓稳定两手都要硬。”

政党是现代社会最重要的政治主体，政党关系是最基本的社会政治关系，政党关系和谐与否，直接影响国家的凝聚力，直接关系国家的政治稳定、社会安定和长治久安。中国共产党领导的多党合作和政治协商制度的新型政党制度，具有共同的政治基础、政治原则和行为准则，这是一种风雨同舟、荣辱与共、肝胆相照的优良传统和亲密关系，特别是中国共产党与各民主党派不是作为执政党与在野党（反对党）互相竞争、彼此倾轧，而是作为执政党与参政党在推进共同事业上同心同德、协力共进，在党际关系上平等协商、互相监督，在自身建设上互相学习借鉴，为社会的团结、稳定、和谐奠定了坚实基础。

1950 年 6 月，美国出兵对朝鲜内战进行武装干涉，派遣第七舰队入侵台湾海峡，将战火烧到东北边境，新生的国家政权面临外部侵略的严重威胁。中国共产党作出抗美援朝、保家卫国的决策后，得到各民主党派、无党派人士的积极支持。1950 年 11 月，各民主党派与中国共产党、中国新民主主义青年团发表联合宣言，严正宣告，“中国人民决不能容忍外国的侵略，也不能听任帝国主义者对自己的邻人肆行侵略而置之不理”；“中国全体人民团结一致，保卫家乡，保卫祖国，保卫和平的坚强意志，是无论如何也不能摧毁的”；“中国各民主党派誓以全力拥护全国人民的正义要求，拥护全国人民在志愿基础上为着抗美援朝保家卫国的神圣任务而奋斗”。民革二届二中全会通过决议，确定“抗美援朝保家卫国为本党当前中心政治任务”，要求本党成员“在广大人民及本党所联系的群众中积极地发挥骨干作用，为支援前线及一切志愿动员的工作而服务”。章乃器在民主建国会总会扩大会的政治报告中，要求工商界在抗美援朝中，疏通物资、稳定市场、发展生产、巩固经济、踊跃纳税、保障供给，进一步搞好公私关系，劳资关系和同业关系，发挥高度的集体主义的精神，来和人民死敌作斗争。农工党向党员作了为完成抗美援朝保家卫国神圣任务的指示和关于加强全党对人民群众宣传工作的决定。致公党在第五届全国代表大会宣言中表示，要与海内外同胞和同志更紧密地团结起来，发挥高度的爱国主义与国际主义的精神，献出一切力量，支援中国人民志愿军。各民主党派在成员和所联系群众中广泛开展爱国主义和国际主义教育，清除崇美、恐美、亲美的思想，号召成员准备随时贡献一切力量，为保卫和建设新中国而奋斗。此外，各民主党派普遍成立宣传小队到城乡进行抗美援朝宣传，组织捐献运动委员会，组织抗美援朝、保家卫国的示威游行，积极参加捐献运动、参军运动，参加中国人民赴朝慰问团，慰问伤病员和烈军属。民革中央常委何香凝举办国画义卖，并到朝鲜慰问捐献。民建中央主席胡厥文，以及胡子昂、吴蕴初等除捐献资财外，还将儿女送上朝鲜前线。

1952 年 12 月，联合国第七届大会在没有中国和朝鲜代表参加之下，通过了关于朝鲜问题的非法决议。这一决议是美国政府破坏《日内瓦公约》、强迫扣留朝中战俘的血腥方案的改装，以继续和扩大朝鲜战争。政协全国委员会、中国共产党和各民主党派，发表《中国各民主党派反对联合国大会关于朝鲜问题非法决议的联合声明》，号召全国人民继续团结一致，坚持抗美援朝的正义斗争，反对联合国这一荒谬的非法决议，揭露美国政府继续并扩大朝鲜战争的阴谋，为争取朝鲜问题的和平解决而奋斗到底！中国人民万众一心、保家卫国，抗美援朝战争以 1953 年 7 月 27 日美国不得不在朝鲜停战协定签字为标志，以美国侵略者被从鸭绿江边打回到三八线而告结束。抗美援朝战争胜利，捍卫了新中国的安全，彰显了新中国的大国地位，让世界见证了蕴藏在中国人民中的磅礴力量，帝国主义从此不敢轻易地欺侮和侵犯中国，新中国在错综复杂的国内国际环境中站稳了脚跟。

西方敌对势力不希望看到一个强大的社会主义中国出现在世界东方，新中国成立不久，就对中国实施“和平演变”战略；改革开放后，对中国的西化分化不断加剧，利用所谓的民主、人权、宗教、涉疆、涉藏等问题给中国施压，制造麻烦，进行非法煽动、渗透、颠覆和破坏。20 世纪 80 年代末 90 年代初，东欧剧变，苏联解体。国内资产阶级自由化思潮滋长蔓延，导致了 1989 年春夏之交的政治风波。

在这场风波中，各民主党派和无党派人士坚定地与中国共产党站在一起，顾全大局，在困难的情况下做了大量有益工作，同心协力稳定局势，维护政治团结。政治风波平息后，中国共产党召开民主党派负责人和党外人士座谈会，进一步凝聚政治共识。各民主党派认真学习邓小平重要讲话，坚持拥护中共中央、国务院和中央军委所采取的正确决策和措施，一致表示，在关系到国家和民族前途命运的关键时刻，各民主党派要协助中国共产党和政府，为维护安定团结的政治局面而努力。中国共产党召开十三届四中全会，调整了中央领导机构，明确当前和今后一个时期党的方针和任务。各民主党派分别召开主席会、在京中央主席扩大会、在京中常委和中委会，对调整后的中共中央新的领导核心表示衷心支持和充分信任，完全赞同中国共产党十三届四中全会提出的当前注意抓好的四件大事，表示要更加紧密团结在中国共产党周围，发扬风雨同舟、荣辱与共的光荣传统，为进一步稳定全国局势、推进治理整顿和改革开放贡献力量。中国共产党与各民主党派的团结合作关系经受了严峻考验，基础更加牢固，为推进改革开放、建立社会主义市场经济、加快社会主义现代化建设创造了稳定的政治社会环境。

民族团结是各民族的生命线，也是事关国家统一和社会稳定的重大问题。改革开放后，民族地区经济社会得到快速发展，但由于多种因素，与内地发达地区发展差距仍然较大，成为影响民族团结和稳定的重要因素。中国共产党鲜明提出，各民族同呼吸、共命运、心连心，并就促进民族地区经济社会发展制定了一系列重要政策和发展战略。习近平总书记明确要求，全面实现小康，一个民族都不能少。各民主党派和无党派人士发挥自身优势，一方面，把“加快民族地区的经济和社会发展”作为参政议政的重要内容，积极提出意见建议；另一方面，在民族地区进行定点扶贫，开展社会服务，进行专业技术培训，为促进民族地区经济社会发展、增强民族团结贡献力量。

2004 年，民进中央赴浙江、贵州、云南、新疆四省区民族自治地区的 52 个考察点进行考察调研，行程 8 000 多千米，涉及经济、教育、文化、卫生、生态保护等多个方面。云南、贵州、广西、宁夏、内蒙古、新疆、四川、湖南、湖北、吉林十省区的民进省级组织，也结合当地实际配合调研，形成 16 份调研报告。在此基础上，民进中央向中共中央报送了《民族地区经济社会发展专题考察报告》。中共中央领导同志作出批示：

请中办分送有关部门予以研究，并在研究“十一五”经济社会发展计划时一并考虑。其中一些成熟的建议，应积极采纳，抓紧组织实施。

武陵山区地跨湘、鄂、渝、黔 4 个省市，国土面积 10 多万平方千米，居住着土家族、苗族、侗族、白族等 30 多个少数民族，是国家西部大开发和中部崛起战略的交汇地带，也是“十二五”规划纲要提出的集中连片特殊贫困地区扶贫开发攻坚工程。2011 年，民建中央和全国政协民族宗教委员会组成联合调研组，特邀国家部委有关人员参加，到贵州、湖北、湖南、重庆的 13 个区县，17 个乡镇、17 个村寨进行实地调研，形成了《积极推进武陵山经济协作区建设，促进民族地区经济社会发展》的调研报告，针对基础设施、生态环境、水利建设和教育方面存在的问题，提出了设立国家级武陵山经济社会发展实验区、加强领导确保规划实施、加强对基础设施特别是农村基础设施的投入、创新高山移民搬迁模式、完善公共服务设施、按照主体功能分区要求调整优化产业布局等建议。调研报告报送中共中央、国务院后，时任总理的温家宝、副总理回良玉作了重要批示。国务院有关部门研究制定了《武陵山片区区域发展与扶贫攻坚规划》，国务院扶贫办和国家发改委制定了《武陵山片区区域发展与扶贫攻坚规划（2011—2020 年）》。

社会和谐稳定，是中国特色社会主义的本质属性，是国家富强、民族振兴、人民幸福的重要保证。随着经济体制深刻变革、社会结构深刻变动、利益格局深刻调整，影响社会和谐的矛盾和问题不断增加，就业、社会保障、收入分配、教育、医疗、住房、安全生产、社会治安等方面关系群众切身利益的问题更加突出和错综复杂，保持社会稳定、实现和谐发展，成为深化改革、加快发展的重要保障。各民主党派和无党派人士着眼建立和完善处理新形势下人民内部矛盾的有效机制，以解决人民群众最关心、最直接、最现实的利益问题为重点，反映社情民意，协助党委政府做好理顺情绪、化解矛盾、消除隐患的工作；进行专题研究，积极建言献策，开展社会服务；协助中国共产党和政府统筹协调各方面利益关系，努力形成全体人民各尽其能、各得其所而又和谐相处的局面。

增强法律意识，促进自觉守法、公正司法，维护法律尊严和公平正义，是依法治国的必然要求，也是构建和谐社会的重要方面。各民主党派发挥自身优势，普及法律知识，开展法律服务，促进公正司法和自觉守法。截至 2017 年 11 月，民革中央在 24 个省级组织、179 个地市级组织成立了法律咨询服务机构，其中 4 个省级组织和 39 个地市级组织所属的法律服务机构被纳入国家法律援助工作体系。2014 年到 2017 年，累计实施法律援助 13 000 多例，开展法律咨询和普法活动 13 000 多次，11.5 万人次受益。民盟中央深化与司法部门的合作，积极探索帮教新模式。全盟 30 个省级组织在千余所监狱、少管所开展帮教工作，建立各类帮教基地百余个，组织专家队伍走进监狱、未成年人管教所、戒毒所等帮教基地，举办法律讲座，进行文艺演出，开展义诊咨询、心理辅导、技能培训、就业导航等活动，得到司法部门的充分肯定。

在经济全球化条件下，世界面临百年未有之大变局，各种风险挑战明显增多。习近平总书记指出：“如果发生重大风险又扛不住，国家安全就可能面临重大威胁，全面建成小康社会进程就可能被迫中断。”在党的十九大报告中，习近平总书记把“防范化解重大风险”作为实现“两个一百年”奋斗目标的三大攻坚战之首，强调要：“增强驾驭风险本领，健全各方面风险防控机制，善于处理各种复杂矛盾，勇于战胜前进道路上的各种艰难险阻，牢牢把握工作主动权。”各民主党派在协商议政中，把协助中国共产党和政府防范和化解风险作为参政党的重要责任，认真调查研究，集中党派智慧，及时建言献策，为防范、化解和战胜社会和自然界各种风险作出了贡献。

1997 年，席卷东南亚的金融危机，给亚洲乃至全球经济带来极大冲击和影响。我国的经济发展如何顶住金融风暴的冲击，寻找新的能够推动经济结构优化、促进产业结构升级换代的强有力杠杆？民建中央主席、著名的经济学家成思危把眼光瞄向了风险投资。1997 年 9 月，民建中央与国家自然科学基金会管理科学部等单位一起，邀请政府有关部门和国内外经济、金融、管理等方面的专家学者，召开“风险创业投资及资产证券化融资”研讨会，就中国如何促进发展风险投资事业进行探讨，形成了民建中央《关于加快发展我国风险投资事业的提案》。该提案被全国政协九届一次会议列为“一号提案”，受到中共中央、国务院的高度重视，在各部委、各级地方政府和科技界、金融界产生巨大反响。1998 年 3 月，全国政协提案审查委员会邀请民建中央和国家经贸委、国家科委（现国家科学技术部）、财政部、中国人民银行、中国证监会等部门负责人协调座谈，协商确定由国家科委牵头，制定有关方案，以促进中国风险投资事业的发展。到 1999 年 8 月，全国各个层次的政府创业基金达到 100 多家，不少地方政府还推出了与之配套的风险投资担保基金。这些工作和努力对于适应世界经济发展趋势，优化经济和产业结构，促进高技术发展和科技成果转化，产生了积极而重要的影响。

2001 年美国“9·11”恐怖袭击事件发生后，民盟中央组织专家学者就如何进行城市灾害的应急管理进行调研。2003 年 3 月全国政协十届一次会议上，民盟中央提交了《关于加强城市灾害应急管理能力建设的建议》的提案，建议面对日益频繁的城市灾害，尽快开展城市灾害应急管理的立法研究，构建我国应对和处理城市危机事件的法律法规体系；发挥政府主导作用，设定全社会的灾害管理的总体发展目标，建立多层次的城市灾害管理和救援体系，构建全社会统一的灾害管理指挥、协调机制；推进科技减灾，用现代科技提升城市灾害应急管理能力；加大减灾投入，积极探索社会主义市场经济条件下城市灾害管理的运行机制。全国政协提案审查委员会为此举办了大规模的提案协商会，邀请民政部、公安部、财政部、建设部（现中华人民共和国住房和城乡建设部）、水利部、卫生部（现国家卫生和计划生育委员会）、中国气象局、中国地震局以及北京市政府等部门领导到会，进行现场协商办理。具体承办此提案的民政部作了认真研究，提出了在应急预案设置、救灾物资储备、城市灾害紧急救援力量建设、科学技术应用、培训和宣传教育方面的具体工作计划。

地震、洪水、疫情等重大自然灾害的发生，严重危害人民群众的生命和财产安全，还可能造成某些疾病的暴发，引起心理恐慌和社会失序问题。我国人口众多，幅员广大，自古以来就是发生自然灾害最多的国家之一。在重大自然灾害面前，无论是抗击1998年夏季长江、松花江、嫩江流域历史罕见的特大洪水，2008年5月四川汶川发生的新中国成立以来破坏力最大的地震灾害，还是战胜前所未有的病毒疫情，各民主党派和无党派人士都充分发挥参政党作用，积极为中国共产党和政府分忧解难，同心协力，并肩战斗，奉献爱心，服务社会，为抢救灾区人民生命财产，帮助恢复生产、重建家园，为维护国家和社会稳定作出了应有的贡献。

以抗震救灾为例，2008年5月12日，四川汶川发生8.0级地震，造成6.9万余人遇难，37.4万余人受伤，1.79万余人失踪，是新中国成立以来破坏力最大的一次地震。中共中央召开政治局常委会议，全面部署抗震救灾工作，要求紧急行动起来，把抗震救灾作为当前的首要任务，不怕困难，顽强奋战，全力抢救伤员，切实保障灾区人民群众生命安全，尽最大努力把地震灾害造成的损失减小到最低程度。各民主党派中央按照中共中央的部署要求，动员一切可以动员的资源和力量，充分发挥自身优势特点，全力支援灾区，积极投入抗震救灾的各项工作。

民革中央要求全党各级组织和广大党员，以各种形式向灾区伸援手、献爱心、送温暖，为抗震救灾作出应有贡献。民盟中央机关动员全体干部职工，为地震灾区群众踊跃捐款，奉献爱心，帮助灾区人民渡过难关，号召全体盟员帮助灾区人民重建家园。民建中央立即向灾区发出慰问信，通过四川省委会向地震灾区遇难者家属、受灾群众和受灾地区的会员表示亲切慰问，要求各省级组织和广大会员协助当地党委和政府做好抗震救灾工作，踊跃捐款捐物，以实际行动投身抗震救灾工作。民进中央就抗震救灾工作召开专题会议，分析抗震救灾的形势，对下一步抗震救灾工作进行全面部署。农工党中央主席桑国卫利用担任中国药学会理事长的身份，呼吁广大医药企业行动起来，推动中国外商投资企业协会药品研制和开发行业委员会 8 家会员公司，捐助了价值 5 000 万元的现金、药品和器械。致公党中央主席立即向海外发出倡议，号召海外侨胞伸出援助之手，捐资捐物，帮助灾区群众战胜灾难、重建家园。九三学社中央向四川省委会员发出慰问信，立即在机关展开募捐活动。台盟中央号召各级组织，发扬“一方有难，八方支援”的精神，积极支援四川灾区抗震救灾行动。截至 2008 年 5 月 22 日，各民主党派中央、地方组织及广大成员已向地震灾区捐款捐物总计 5 亿多元。

受灾地区的民主党派各级组织和广大成员，在当地中共党委和政府的领导下，不顾危险，舍生忘死，积极投身抗震救灾工作。地震来袭那一刻，民盟盟员、儿科教授熊英正在医院大楼下办理交接工作，她与同事冒着生命危险，一趟又一趟地冲进大楼，冲进病房，将楼上妇产科的65个新生婴儿全部转移，抢运出病人急需的器械、药品和婴儿必需品。民革雅安市委委员、高级工程师王勇，主动报名前往抗震救灾第一线参加救人抢险，不分天晴还是下雨，昼夜抢救伤员，搬运无数遇难者的尸体。著名工程地质学家、九三学社社员黄润秋，带领成都理工大学十余名地质灾害防治与地质环境保护专家第一时间奔赴灾区，了解掌握地震对沿线村镇的影响情况，查清沿线次生地质灾害的发育类型、特点和潜在危害性，及时向四川省国土资源厅驻芦山县应急指挥部进行汇报。

2008年5月29日到31日，各民主党派中央领导人随同时任中共中央政治局常委、全国政协主席贾庆林赴四川地震灾区，慰问受灾群众，看望救援人员，并结合考察情况，围绕抗震救灾进入新阶段后需要重视和解决的问题，向中共中央和当地党委、政府提出了许多有价值、有见地的意见建议。还对灾后重建的金融支持、保护少数民族文化遗产、加强基层党政组织建设等提出建议。

全国各族人民经过共同奋战，夺取了抗震救灾斗争的重大胜利，震后一年，城乡居民住房重建、学校医院等公共服务设施重建、基础设施重建、产业重建和结构调整、历史文化保护、生态修复等方面均取得显著成绩，一座新的汶川县城拔地而起，灾区人民大踏步走向新生活。

新中国成立以来，无论是国内斗争尖锐复杂，还是国际形势风云变幻，无论是深化改革，还是攻坚克难，无论是面临风险挑战，还是遭遇自然灾害，我国都坚持中国共产党领导的多党合作和政治协商制度的新型政党制度，也因此保持了团结、稳定、和谐的政治局面，在大风大浪中坚如磐石。正如习近平总书记指出的，如果民主党派等统一战线成员不同我们党肝胆相照、荣辱与共，而是同我们党唱不一样的调，甚至跑到我们党的对立面去了，那我国政治生活会变成什么样子？就不会有政局稳定。

实现人民群众美好生活的推动力量

人民是社会的主体，是物质文明和精神文明的创造者，是推动历史前进的动力。实现、维护和发展最广大的人民群众的根本利益，是社会主义制度的本质要求，也是中国共产党的初心、宗旨和使命。毛泽东把中国共产党的理论政策和行为准则概括为五个字，就是“为人民服务”。邓小平在改革开放中提出了著名的“三个有利于”标准，其中之一就是“是否有利于提高人民的生活水平”。习近平总书记在新时代强调，“中国共产党根基在人民、血脉在人民”，“我们党干革命、搞建设、抓改革，都是为了让人民过上幸福生活”。2012 年 11 月 15 日，习近平总书记在中共十八届中央政治局常委同中外记者见面时宣称：“人民对美好生活的向往，就是我们的奋斗目标。”

各民主党派和无党派人士作为中国共产党的亲密友党和参政党，在中国社会主义建设事业的不同历史时期，其政治主张和社会实践都蕴含着实现、维护和发展人民利益的内涵。因此，为中国人民谋幸福，为中华民族谋复兴，既是中国共产党的初心使命，也是中国共产党与各民主党派、无党派人士多党合作的初心使命；实现人民对美好生活的新期待，既是中国共产党的奋斗目标，也是中国共产党与各民主党派、无党派人士多党合作的奋斗目标。以改善民生为根本出发点和落脚点，努力创造和建设人民群众的美好幸福生活，始终是多党合作的奋斗目标、价值取向和精神动力。

1953 年 6 月，民盟中央主席沈钧儒在太湖疗养时，到其孙女沈瑜的工作单位无锡血吸虫病防治所参观，知悉在长江中下游各省血吸虫病流行极为严重，像瘟神一样威胁着人们的生存：少年罹患，常成为侏儒；育龄妇女罹患，多影响生育；晚期病人腹大如鼓，丧失劳动力以致死亡。血吸虫病的肆虐横行，使不少疫区人烟稀少，田园荒芜，还出现了不少“寡妇村”和“无人村”等。沈钧儒心急如焚，奋笔疾书，于 1953 年 9 月 16 日，将无锡血吸虫病防治所沈瑜撰写的有关南方血吸虫病的汇报材料附函，寄给毛泽东。毛泽东看完信和附件后，立即给沈钧儒复函，将汇报材料转交当时担任政务院秘书长的习仲勋负责处理。毛泽东通过调查研究，进一步了解到血吸虫病对人民危害的严重性，发出了“一定要消灭血吸虫病”的伟大号召。从 1956 年春开始，有计划、有组织、大规模的防治血吸虫病的群众运动，在各个疫区蓬勃开展。全国各地都成立了血防领导小组，建立血防办公室，将消灭血吸虫病作为保障人民健康，发展生产，促进社会主义建设的紧迫任务。血吸虫病流行的江西省余江县，县委第一书记指挥，广大群众踊跃参加，开新沟、填旧沟，开新塘、填旧塘，消灭钉螺，修建新的良田。经过两年苦战，消灭了血吸虫病，疫区发生了根本变化，出现了劳力增强、产量提高、人畜兴旺、欣欣向荣的社会主义新气象。1958 年 6 月 30 日，《人民日报》报道了江西省余江县首先消灭了血吸虫病的喜讯。毛泽东心情激动不已，写下了脍炙人口的《七律二首・送瘟神》，以“借问瘟君欲何往，纸船明烛照天烧”的诗句，热情地歌颂了人民群众彻底消灭血吸虫病的大无畏精神。

就业是最大的民生问题，也是美好生活的基本保障。我国人口众多，安置就业压力很大。“文化大革命”结束后，成千上万“上山下乡”的知识青年返城，国家无法提供足够的工作岗位，严重影响城市民众的生活。1979 年 6 月，民建中央和全国工商联联名在全国政协五届二次会议上提出《广开就业门路，培养就业能力》的提案，提出民建、全国工商联成员中不少人有生产技术、经营管理和其他特长，可以在职业训练和扩大就业方面配合有关部门发挥作用。1980 年 4 月，民建中央、全国工商联召开协助安置待业青年就业座谈会，并与国家劳动总局（现中华人民共和国人力资源和社会保障部）商定，利用自身成员的商业管理知识，推举原工商业者中的能人，协助街道、企业、机关、团体和学校兴办或整顿集体企业。1981 年 8 月，民建中央、全国工商联会同国家劳动总局（现中华人民共和国人力资源和社会保障部）发出《关于各地劳动服务公司和民建会、工商联密切配合，广开门路，搞活经济，扩大城镇就业的通知》。同年 10 月，中共中央、国务院发出《关于广开门路，搞活经济，解决城镇就业问题的若干决定》，责成政府有关部门和民建、全国工商联，在统筹规划下协同努力，为发展城镇集体经济和个体经济，解决就业问题，切实负起应尽的责任。民建、全国工商联发挥成员优势，采取自办、同有关单位协办等方式，协助街道、工厂、机关、团体、学校等兴办多种形式的集体企业，拓宽就业渠道。民建北京市委会和全国工商联，协助有关部门相继创办了著名的“大碗茶”、稻香村食品厂等街道企业和天桥建筑公司，自筹资金创办了北京投资服务公司。到 1982 年底，民建、工商联共发动 6 000 多名会员，自办集体企业 208 家，合办 133 家，协办 3 003 家，安置待业青年 9 万多人。

随着改革的深入推进，社会主义市场经济的建立，特别是国企改革的深化，失业、下岗人员大量增加。1998 年 6 月，中共中央、国务院发出《关于切实做好国有企业下岗职工基本生活保障和再就业工作的通知》，要求从改革、发展、稳定的全局着眼，采取一切必要的措施，切实把这件事情办好。8 个民主党派中央联合发出倡议，要求各民主党派各级组织和全体成员，积极响应中共中央、国务院号召，发挥自身优势，积极参与促进再就业工作，为改革开放和社会主义现代化建设作出新贡献。各民主党派把促进下岗职工再就业作为履行参政党职能、开展社会服务的重要内容，通过整合党派各种资源，搞好有关下岗职工出路问题的社会调查，多方建言献策，为政府决策当好参谋；发挥党派成员的专业人才优势，对下岗职工进行技能培训，为下岗职工再就业创造条件；面向市场，牵线搭桥，为下岗职工再就业寻找途径；搞好各种社会服务，为下岗职工排忧解难。民进各级组织和广大会员、民进系统的民办企业、民办学校，采取多种形式，广泛为下岗职工再就业提供服务工作。1997 年到 2002 年，仅中国民主促进会就投入资金 656 万多元，举办下岗职工再就业培训班 284 期，培训 46 766 人次，培训后上岗 29 572 人次，安置下岗职工 27 851 人，资助下岗职工子女上学 2 246 人。

改革开放后，教育事业有了长足发展，特别是从 1999 年起高校连年扩大招生，对实现高等教育大众化发挥了重要作用，但也使大学生就业面临严峻形势。以高校知识分子为主要成员的民盟十分关注大学生就业难问题，从 2003 年起，就这一问题多次深入高校和企事业单位调查研究，向中共中央递交了《关于引导高校毕业生面向基层就业的建议》的报告，提出完善鼓励高校毕业生到基层就业的人事政策，以及招考公务员向有基层工作经验的大学生倾斜等意见建议。在 2005 年党外人士座谈会上，韩启德主席又当面向时任中共中央总书记胡锦涛谈了这个问题。中共中央领导同志作出批示，要求中央人才领导小组办公室牵头深入调研，尽快提出政策性建议。当年 6 月，中共中央办公厅、国务院办公厅联合印发《关于引导和鼓励高校毕业生面向基层就业的意见》，要求在充分发挥市场作用配置高校毕业生人才资源的基础上，进一步加大政府宏观调控力度，切实做好引导和鼓励高校毕业生面向基层就业工作，努力建立与社会主义市场经济体制相适应的高校毕业生面向基层就业的长效机制。这既较好解决了大学生的就业问题，又对青年人才的健康成长、改善基层人才队伍的结构、促进城乡和区域经济的协调发展，发挥了积极作用。

脱贫致富、实现小康，是人民对幸福生活的期待和向往，也是社会主义制度优越性的重要体现。从 1988 年开始，各民主党派连续 30 多年对被认为“不适合人类居住”的国家贫困地区贵州毕节进行联合帮扶。围绕“开发扶贫、生态建设、人口控制”三大主题，积极为毕节市引进资金技术，协助制定经济社会发展战略和具体规划，组织各界专家学者进行具体指导，帮助兴办教育、医疗等社会事业，培训干部和专业技术人才，实施立体式智力扶贫。截至 2014 年，实施“同心”工程项目 1 242 个，完成投资 648 亿元，治理石漠化 1 090 平方千米，森林覆盖率从 14.94%提高到 46.23%，累计减少贫困人口 522 万人，毕节市生产总值从 23 亿元增加到 1 266 亿元，城镇居民人均可支配收入从 795 元增加到 21 231 元，农民人均纯收入从 316 元增加到 6 223 元，形成多党合作扶贫帮困、为民谋利的“毕节模式”。2018 年 7 月，习近平总书记对毕节试验区工作作出重要指示，称赞毕节试验区是贫困地区脱贫攻坚的一个生动典型。因此，要在坚持和发展中国特色社会主义实践中不断发挥好中国共产党领导的多党合作的制度优势。

人民群众的生活完成温饱目标后，精神上也要富足。西藏、新疆等民族地区和边远省份的农牧民，改革开放后生活条件有了很大改善，住进了宽敞漂亮的房子，有了收音机、电视机，但由于缺乏通信设施，接收中央人民广播电台和中央电视台节目十分困难。特别是一些边远偏僻、地理条件恶劣的地区的农牧民，仍然很难利用现代的通信方式看到外面的世界，听到外面的声音，还处于“白天忙于农耕、放牧，晚上围着火炉数星星”的状态。2000 年，农工党中央主席蒋正华到西藏、甘肃、青海等地调研考察时，了解到这些情况，于当年 9 月中共中央召开的党外人士座谈会上，专门反映了这个问题，并就加强西部边远地区广播电视设施建设，在西藏建设大功率中、短波发射台等提出意见建议，还针对西藏人口 80%是农牧民，大部分听不懂汉语的情况，建议加强广播电影电视节目的藏语翻译，扩大语言覆盖面。江泽民等领导同志对农工党的建议高度重视，充分肯定，并作出批示，要求国家相关部门尽快研究提出改善和提升西藏等地区电视条件的具体措施。中共中央、国务院有关领导和部门召开专题会议研究决定，在西藏、新疆等边远省区实施新中国成立以来规模最大的广播电视覆盖工程——“西新工程”，实施范围包括西藏、新疆、内蒙古、宁夏 4 个自治区和青海、甘肃、四川、云南四省藏区，以及福建、浙江、广西、海南和吉林延边部分地区，涵盖国土面积超过498万平方千米，占全国总面积的51.9%。从2000年第四季度开始，国家投入资金40多亿元，经过几年奋战，在戈壁沙滩、雪域高原、东北南疆等地新建和扩建了一批发射台，完成27个建设项目，西部省区的广播电视覆盖能力提高2.5倍，普遍能够收到10套左右短波广播、3套以上中波或调频节目、3至4套中央和当地电视节目。中央人民广播电台和各地电台还开通了民族语言节目，每天播音增加98小时。西藏的藏语广播频率和发射功率占西藏全部频率和功率的80%，新疆人民广播电台少数民族语言广播译制设备全面更新为数字化设备，全区广播人口覆盖率达到92.9%，电视人口覆盖率达到92.5%。无线电波载着党和国家的声音，如同春风吹进了西部的每一个角落，把欢歌笑语播撒进各民族人民群众的心田。

健康是人民幸福的重要内容。新中国成立以来，初级卫生保健事业取得很大的成绩，但由于国力有限，政府的投入与实际需求之间仍存在很大的差距，特别是贫困地区，初级卫生保健工作状况差，疾病成为贫困地区人民发展经济、脱贫致富奔小康的一道可怕屏障。农工党中央在中共中央和国家有关部门的大力支持下，于1996年和国家卫生部（现国家卫生和计划生育委员会）共同发起创办了以资助和发展贫困地区初级卫生保健事业为宗旨，具有独立法人资格的非营利性社会团体——中国初级卫生保健基金会，以健康扶贫工程项目为主要内容，广泛联络海内外友好团体和个人，为中国农村和城市贫困社区实现“人人享有卫生保健”的目标及逐步解决因病致贫、因病返贫问题，争取道义、资金和物质支持。到2007年，共募集公益资金近8亿元，公益范围覆盖我国20多个省区市，项目内容包括疾病普查、基层卫生管理人才培训、新型农村合作医疗、农村安全用水、定点医院扶持、重大疾病专项基金等方面，受益群众突破3 000万人。各民主党派围绕人民健康开展各种社会服务。九三学社中央实施健康扶贫，开展“亮康行动”，在20省筛查32万多人次，培训1 472场，完成免费白内障手术6万多例；实施“同心康福”项目，救治脑瘫患儿433例、先心病患儿136例，置换髋关节538例，安装假肢531例。台盟中央开展同心义诊，连续5年在6省9县开展两岸医师深入贫困地区医疗义诊活动，为人民群众的健康尽心尽力。

良好的生态环境是富裕后人民的新需求。党的十八大以来，生态文明建设被纳入现代化建设总体布局，着力解决突出环境问题，努力建设美丽中国。各民主党派在深入调研的基础上，就北方沙尘暴治理、南方石漠化治理、城市垃圾污水处理、农村新能源开发、长江上游水质污染治理、三峡的库底清理、环渤海地区水域治理与保护等，有针对性地提出对策建议，为建设良好生态环境献计出力。2013年1月，全国不少地区发生了持续大规模灰霾污染事件，成为严重影响公众健康、社会秩序、环境生态和人民幸福的“灰色杀手”。农工党中央迅速行动，通过各种渠道采集北京、石家庄、成都、广州、沈阳五个重点城市灰霾期间的第一手资料，运用走访、拜访、专访等多种形式与专家探讨灰霾天气发生的原因以及各种污染颗粒对灰霾污染的贡献等，大量查阅国内外各种资料，用了 20 天时间就向中共中央报送了《关于积极应对区域灰霾污染的有关工作建议》，就从国家层面统筹灰霾污染治理、建立多层次责任体系、完善相关标准、发挥科技支撑作用等方面提出综合治理对策建议。习近平、李克强等中央领导同志作出批示，相关部门迅速行动，国务院下发《关于印发大气污染防治行动计划的通知》，揭开了全国上下强力治理灰霾污染的序幕。经过努力，全国空气质量明显提高，蓝天白云、群星闪烁的场景越来越多。

中国新型政党制度在新中国成立 70 多年的实践成果中充分证明：中国共产党和各民主党派、无党派人士的多党合作，能够凝聚改革发展的强大合力，实现最广泛、最真实、最管用的全过程人民民主，保持国家稳定与社会和谐，不断增进人民群众的福祉，是推进中国特色社会主义事业，实现国家富强、人民幸福、民族复兴的重要制度保障，作为政治文明的新形态具有旺盛的生命力。

六、中国新型政党制度对世界政治文明的贡献

人类社会政治文明恰如一条长河，是由世界各国政治实践的探索成果汇流而成的。中国新型政党制度作为中国共产党和各民主党派对现代政党制度的长期探索，作为共同建设中国特色社会主义的新社会新生活的政治实践，作为政治文明的新形态，既根本不同于西方资本主义国家多党竞争的政党制度，也不同于苏联和东欧一些社会主义国家一个时期实行的多党合作的政党制度，而是立足中国国情，运用科学理论，在建立人民民主专政的国家政权，坚持和发展中国特色社会主义，实现中华民族伟大复兴历史实践中的伟大创造，是中华民族政治智慧的结晶。它既是中国的，也是世界的，既具有特殊性，也包含着普遍性，是人类社会政治文明大花园中别具风采的中国花朵，也是中国对世界政治文明的独特贡献。

一种新的政党制度类型

政党是现代国家社会生活中重要的政治组织、政治支柱和政治力量。政党政治是现代政治的主要运作方式，现代国家从进行选举、组织政府到国家治理、国际交往等，通常都是通过政党实现或推动的。目前，世界200多个国家中，绝大多数国家和地区都存在政党并实行政党政治。因国情和政治文化传统不同，形成了多种类型的政党制度。各国学者从性质、功能、结构、特点等方面对政党制度进行了各种各样的划分，最基本、最简明的就是目前普遍采用的按照能够上台执政的政党数量划分的一党制、两党制和多党制。中国新型政党制度在20世纪40年代末形成时，没有对世界现有政党制度进行移植和模仿，而是在根植中国土壤、建立和发展社会主义民主政治中，探索创造了一种新的政党制度类型——合作性的中国新型政党制度。

这种合作性的中国新型政党制度，根本不同于一党制。一党制指只有一个政党在国家政治生活中占统治地位，或指一个国家只有一个合法的执政党，其他政党根本没有合法存在的条件和机会，或者只是一种依附于执政党的“存在”而已。一党制是特定政治条件的产物，其本质特点就是一党独裁专制，没有党际民主可言。中国新型政党制度虽然坚持中国共产党一党领导和执政，但建立在多党互相尊重、平等合作的基础上，与一党制的一党独裁、垄断权力，其他政党没有合法地位、没有参政权力、在国家政治生活中作为摆设的性质是根本不同的。中国新型政党制度中，中国共产党与各民主党派都是合法政党，长期存在、合作共事，肝胆相照、荣辱与共。在国家政权中，虽然中国共产党一党执政，但各民主党派作为参政党参加国家政权，参与国家大政方针和国家领导人选的协商，参与国家事务的管理，参与国家方针、政策、法律、法规的制定和执行。中国新型政党制度与独裁专制的一党制具有本质不同，与苏联共产党一党独占政权，没有任何其他政党存在和参政的一党制也大不相同。

中国新型政党制度与两党制、多党制具有显著不同。两党制是指在一国之中存在势均力敌的两个政党，通过控制议会多数席位或赢得总统选举的胜利而轮流执政的制度。在西方国家中，两党制主要有三种不同模式：一是英国议会制度的两党制，二是美国总统制的两党制，三是澳大利亚、加拿大、新西兰等国的两党制。多党制是指一个国家中有三个以上的政党并立，互相争夺执政权的制度。多党制源于法国，后陆续为大多数资本主义国家特别是西欧、北欧国家所接受，意大利、法国、德国、日本比较典型，各具特色。资本主义国家的两党制和多党制是资本主义矛盾不可调和的产物，虽然各有特点，但共同的本质特征是政党围绕取得执政权而激烈竞争，因而被称为“竞争性”政党制度。中国新型政党制度建立在全国人民根本利益一致的基础上，显著特点是政党合作，中国共产党与各民主党派以执政党和参政党身份共同参加国家政权，参与国家事务管理，在政治发展中，功能作用发挥与合作共事内在联系在一起，是“合作性”政党制度，与西方资本主义国家以竞争为显著特征的两党制和多党制是两条路上跑的车。多党制中的政党联盟也体现了一种政党合作，但它与竞争紧密结合在一起，是适应竞争执政权的需要而建立起来的，往往又因竞争执政权需要而破裂的一种暂时性的政治联盟，与中国新型政党制度中长期共存、互相监督、肝胆相照、荣辱与共的政党合作，完全不可同日而语。

中国新型政党制度与东欧等国家一度实行的共产党领导的多党合作制也不完全相同。20 世纪 40 年代后期和 50 年代初，东欧的波兰、保加利亚、捷克斯洛伐克等在实现民族独立后，都建立了共产党领导的多党合作制度，走社会主义道路，并进行了 40 多年的实践。中国新型政党制度与这些国家的多党合作制度，无论是形成发展还是本质特点，都有不少相似之处，如政党合作建立在共产党领导的统一战线的基础上，以马克思列宁主义为指导，共产党领导和执政，走社会主义道路等。但中国新型政党制度更具有自己的特色，并在实践发展中生成新的内涵。东欧国家在实行多党合作中，背离本国国情，套用苏联模式。如匈牙利二战后曾一度建立了劳动人民党、小农党、民族农民党、独立民主党、激进党等参加的独立人民阵线，实行共产党领导的多党合作，由于照搬苏联模式，解散和取缔资产阶级右翼政党，对拥护共产党的左翼政党施加压力，使其解散或停止活动，逐步形成了共产党一党制[①]。而中国新型政党制度立足中国国情和社会发展，在马克思主义中国化理论指导下，坚持、发展和完善。东欧国家对合作的政党采取实用主义态度，如1956年“波兹南事件”后，波兰统一工人党肯定与统一农民党、民主党的同盟合作关系，强调愿意和各民主政党“为实现共同纲领而共同负责，并共同参加人民波兰的管理”。但到20世纪60年代后，特别是波兰统一工人党宣布波兰进入社会主义发展更高阶段、全体波兰人民的利益和目标已经“完全一致”以后，合作的政党的地位作用则被降为执政党与社会联系的“传送带”，被视为一般“社会团体”。20世纪80年代，由于面临的各种挑战增多，社会政治危机频现，波兰统一工人党又提高其政治地位，强调“波兰政治体制的稳固因素是波兰统一工人党同统一农民党、民主党进行联盟合作”，致使合作的政党到了后期就采取“骑墙”的态度，与统一工人党貌合神离，在遇到政治风险和危机时就分道扬镳、弃之而去[②]。而与各民主党派的合作是中国共产党的长期战略方针，民主党派作为参政党在中国政治生活中稳定发挥作用，在遭到政治风波考验中坚定不移、共迎挑战。因此，不能简单地把中国新型政党制度与东欧一些国家实行的共产党领导的多党合作相等同。

国内一些专家学者在研究探讨中，有的把我国政党制度归

---

① 刘祖熙．东欧剧变的根源与教训．北京：东方出版社，1995：37－131.

② 李金河．社会主义国家政党制度研究．北京：九州出版社，2017：124－136.

属为一党制的亚类型，即“一党执政”与“多党共存”的结合，本质上仍属于一党制；有的则认为我国政党制度是合作型多党制，应属于多党制或社会主义多党制。这些看法都失之于片面和表面。在一党制中，执政党能够与其他政党共存的主要是温和一党制，但其他政党仅仅是合法存在而已，并不允许其参加国家政权，更不能对执政党构成威胁，否则就会被取缔，其实质还是一党独裁专制。中国新型政党制度中，作为亲密友党，民主党派与中国共产党共同致力于建设中国特色社会主义事业；作为参政党，参加国家政权和参与国家事务管理。把中国新型政党制度概括为一党制的亚类型，只不过是将其从霸权一党制中分离和区别开来，并不能准确反映我国政党制度的性质和特色。相比多党制而言，我国也是多党，有中国共产党和八个民主党派及无党派人士。但多党并不等于多党制，多党合作也不是合作型多党制，因为多党制的实质是竞争，没有“竞争”这个核心要义，只能是“多党”而不能为“制”。因此，中国的政党制度，既不是缺乏民主的一党专制、势不两立的多党竞争制，也不是所谓的一党制的亚类型、合作型多党制，而是一种新的政党制度类型。

这种新的政党制度类型，就是中国共产党领导的多党合作和政治协商制度。中国共产党领导是根本特点。中国共产党在多党合作中居于领导地位，是中国革命历史发展的必然结果，是各民主党派、无党派人士和中国人民的自觉选择，也是多党合作始终坚持正确发展方向、保持旺盛活力的根本保证。从历史发展看，中国共产党领导贯穿了中国多党合作的全过程；从政治作用看，在中国共产党领导下，多党合作为中国社会主义事业作出了重要贡献，在发展社会主义民主政治、建设社会主义政治文明中发挥了独特的作用；从政治认同看，各民主党派都把坚持中国共产党领导写入自己的章程，作为多党合作中必须遵守的重要政治规范。中国共产党在多党合作中的领导地位，是与中国特色社会主义制度联系在一起的。习近平总书记指出："中国特色社会主义最本质的特征是中国共产党领导，中国特色社会主义制度的最大优势是中国共产党领导。"民建中央原主席成思危对中国共产党领导有个形象比喻：西方的政党制度是"打橄榄球"，一定要把对方压倒，而我们的政党制度是"唱大合唱"，要大合唱，就要有指挥，这个指挥只有中国共产党才能胜任。可以说，中国共产党领导是中国新型政党制度的一个独特的政治优势，也是区别于西方两党制、多党制的根本特点。

多党合作是中国新型政党制度的鲜明特色。中国共产党与各民主党派和无党派人士的合作具有坚实的政治基础，新民主主义革命时期，致力民族独立、人民解放，推进民主；社会主义革命和建设时期，坚持中国共产党领导，走社会主义道路；改革开放和社会主义现代化建设新时期，坚持四项基本原则，建设中国特色社会主义；中国特色社会主义新时代，坚持和发展中国特色社会主义，实现中华民族伟大复兴中国梦。这是中国多党合作牢不可破的政治保证。中国共产党与各民主党派和无党派人士合作的社会基础，关联着中国社会革命进步的阶级和阶层，涉及国家政治、经济、社会、文化生活的方方面面，主要包括：作为执政党与参政党在国家政权和司法机关的合作，巩固人民政权，发展社会主义民主政治，促进执政党和政府科学民主决策；作为领导核心和亲密友党在社会相关领域致力共同事业的合作，调整利益关系，调动积极因素，全面推进社会发展进步。这是中国多党合作具有强大力量的重要来源。中国共产党与各民主党派和无党派人士合作的实践基础，就是中国共产党从各民主党派成立的第一天起，就与各民主党派建立了多党合作关系，为实现共同的政治目标团结奋斗，在长达70多年的实践中凝结了肝胆相照、荣辱与共、生死相依的亲密关系和优良传统，并在国家宪法、法律和执政党的政策保障下，形成了长期稳定、团结和谐、全面发展的基本格局。中国共产党与各民主党派和无党派人士的合作，是中国共产党的基本战略方针，是社会主义民主政治的重要体现，是中国政治制度和政治体制的重要组成部分。西方的两党制、多党制中也有政党合作，但这种合作是暂时的、局部的、脆弱的，实质上是一种政治妥协，起主导作用的还是竞争。因此，多党合作是中国新型政党制度的基本特征和精髓，也是区别于一党制、两党制和多党制的显著标志。

政治协商是中国多党合作的基本方式。在中国共产党与各民主党派和无党派人士的合作中，民主党派作为参政党职能作用的发挥，主要是通过政治协商来体现和实现的。政治协商具有深厚的文化底蕴，蕴含着中华民族的大智慧，与中华优秀传统文化中的“和而不同”“求同存异”具有内在一致性。它通过不同方面的平等对话和协商沟通找到“最大公约数”，画出“最大同心圆”，以体现“民意”和“公意”，是视民众为国之根本的“民本”思想的升华。政治协商已经纳入党和国家的决策程序，坚持协商于决策之前和决策执行的过程中，是政治协商的重要原则。政治协商作为社会主义协商民主的重要组成部分，全过程人民民主的重要实现形式，有利于凝聚政治共识，实现科学民主决策，加强和改善中国共产党的领导。

中国新型政党制度，作为世界政党制度史上一种新的政党制度类型，集一党领导、多党合作、协商议政为一体，在政党政治中具有独特的价值和优势。

避免了一党独裁和多党竞争的弊端。一党制作为特定政治条件的产物，有着深刻的历史根源和现实需要。在脱离殖民统治、实现民族独立的国家，实行一党制集中统一领导，有利于抵制新老殖民主义的威胁与干扰，维系民族团结，保持政局稳定，迅速发展经济。由于它实质上是一种政治垄断，原来存在的各党派、各利益集团，或由社会转移到党内，或作为反对因素在社会中潜伏滋长。维持一党制统治及民族团结主要靠执政党领导人的个人权威，并在各派之间实行平衡政策，从而导致权力越来越集中，决策越来越不透明，加上经济文化落后，缺乏政党监督，从而形成独裁统治，导致政变频繁，部族斗争激烈。实行两党制、多党制国家，政党之间互相恶斗，彼此倾轧，很容易造成政治极化、社会撕裂、政局动荡。实行多党制的国家尤其是这样。实行多党制的泰国在从1932年到1997年的65年时间内，共经历了56届政府，其中任期不到一年的就占了60%。被视为非洲民主典范的肯尼亚2007年大选后，由于主要反对党领导人拉伊拉·阿莫洛·奥廷加指责选举有严重舞弊行为，拒绝承认现任总统姆瓦伊·齐贝吉获胜的选举结果，从而引发了波及全国主要城镇的骚乱，至2008年1月7日，造成600多人丧生，25万人无家可归。在中国新型政党制度中，既坚持中国共产党一党领导，以贯彻执行中国共产党的路线方针政策，保持社会发展的政治方向，促进民族团结和社会稳定，实现国家的集中统一；又与各民主党派合作，进行政治协商和互相监督，发展社会主义民主政治，集中各方智慧，激发和保持社会发展的活力。这"既避免了多党竞争、相互倾轧造成的政治动荡，又避免了一党专制、缺少监督导致的种种弊端"，彰显了中国新型政党制度的独特优势。

实现了一党领导与多党合作的结合。在一个多阶级、多阶层、多党派国家中，要保证国家的集中统一，必须坚持强有力的一党领导；要调动各方面积极性，形成合力，必须实行多党合作。如何把领导与合作结合起来，世界上并没有成功的先例。俄国十月革命后，布尔什维克曾一度与左派社会革命党等政党进行合作，由于在布列斯特和约签订问题上产生严重分歧，特别是左派社会革命党发动反革命叛乱，多党合作以失败而告终。东欧波兰、保加利亚等国在20世纪50到80年代末，曾实行了40多年共产党领导的多党合作。由于没有把共产党领导与多党合作有机结合起来，或只强调共产党领导，不重视发挥合作政党的作用，将合作政党视为贯彻党的政策的工具，或把坚持党的领导与发挥合作政党作用对立起来，对它们的组织发展进行限制，或在面临政治危机时，无原则进行政治妥协，放弃共产党领导，从而导致20世纪80年代末这些国家国内政治反对派与共产党争夺执政权时，合作的政党不但没有与共产党风雨同舟、共同斗争，反而与共产党分道扬镳，有的甚至站到反对派一边。中国新型政党制度寓领导于协商之中，置合作于领导之下，成功地解决了这个问题。在多党合作中坚持共产党一党领导，建立在尊重民主党派组织独立、充分发挥其主动性基础上，主要是在政治原则、政治方向和重要方针政策上保持一致；在坚持共产党一党领导下实行多党合作，就是扩大有序政治参与，不断凝聚和增进政治共识，形成推进共同事业发展的强大合力，实现、维护和发展包括民主党派在内的最广大人民利益。从而保证了多党合作的正确方向和旺盛活力，在坚持和发展中国特色社会主义事业中同心同向同行。特别是在遇到政治风波和风险挑战时，各民主党派坚定不移与中国共产党站在一起，共迎挑战，共克时艰，充分彰显了中国新型政党制度的生命力。

实现了广泛民主与高度集中的统一。政党制度是现代民主政治的产物，民主和集中作为现代民主中相互对立、相互依存、相互统一的两个基本要素，不可避免地反映到政党制度中来。在一党专制中，往往是有集中无民主，执政党大权独揽，政纲独断，其他政党基本无生存权利，即使允许存在，也形同虚设，难以发挥应有的作用。在两党制和多党制中，往往是有民主难集中，在选举民主基础上，执政党与在野党（反对党）为取得执政权互相竞争成为民主的实现形式，在野党行使民主权利就是利用各种合法手段制约执政党，从而使集中统一很难达成，执政党的政策实施步履艰难。英国保守党前任党魁特雷莎·梅 2016 年因主张英国脱欧而上台，但 3 年来，脱欧方案多次被议会否决，英国脱欧遥遥无期，面对各方压力，只好挥泪下台。2019 年 7 月，鲍里斯·约翰逊接替特雷莎·梅担任英国首相，费了九牛二虎之力，终于在当年 10 月达成脱欧协议。然而在 2019 年 10 月 19 日英国议会下院表决前，由于独立议员奥利弗·莱特文提出了一项修正案获得通过，反对党工党和苏格兰民族党都要求约翰逊致信欧盟寻求延期脱欧，这不仅推迟表决首相约翰逊与欧盟达成的新脱欧协议，而且迫使约翰逊致信欧盟，申请把原定 2019 年 10 月 31 日脱欧延期至 2020 年 1 月 31 日，“脱欧”成了“拖欧”。在中国新型政党制度中，中国共产党领导和与各民主党派合作，体现了高度集中与广泛民主的有机结合，是民主集中制在多党合作中的具体运用。中国共产党一党领导和执政，不是独裁专制，而是建立在广泛发扬民主的基础上，国家大政方针不是中国共产党一党独断，而是通过政治协商，充分听取各民主党派意见建议，在集中多方智慧中进行科学民主决策；各民主党派参政议政、民主监督，提出意见、批评和建议，是在坚持正确的政治方向，协助中国共产党更好执政兴国、执政为民，是在推进共同事业的原则下进行的，而不是对执政党的制约和反对。从而形成了中国新型政党制度别具一格的一党领导而不专制、多党合作而不竞争、互相监督而不反对的鲜明特色和独特优势。

一种新的执政和参政方式

政党是代表一定的阶级或阶层的利益，通过执掌或参加国家政权以实现其纲领的政治组织。政党制度作为政党执掌、参与国家权力以及由此形成的政党关系的规范，是与国家政治制度紧密结合在一起的，其实质是政党对国家政权的参与和掌控。不同政党制度形成的执政和参政的方式，体现了政党与国家政权、政党与政党之间的不同关系，也反映着不同政党制度的性质和特点。中国新型政党制度以不同的执政和参政方式，为处理政党与政权的关系、政党相互之间的关系，开辟了一条新路。

世界政党政治中，与国家政权相联系的政党主要有执政党、在野党（反对党）和联合执政的党。在西方竞争性政党制度和政治制度中，执政党的概念是狭义的，是指通过选举而上台组阁的政党。在美国，总统所在的党被称为执政党；在英国，议会的多数党是执政党。由于资本主义国家实行权力分立的原则，国家的立法、行政、司法的权力，分别由议会、政府、法院独立行使，因此，执政党所掌握的国家政权，实际上主要是国家的行政权力。执政党的标志就是负责组织政府，参与政治的方式主要是操纵选举活动，控制议会立法，使政府成为它的决策和执行机构，推行对本党有利的纲领政策。

在野党（反对党）是非执政党，参与国家政治生活的方式主要有以下几种。一是通过本党议会党团，影响立法，钳制政府；阻碍、推迟或否决执政党提出的立法草案和需要经国会批准的重大决策和人事安排，运用质询、诘问、弹劾、不信任投票等方式表示对执政党推行政策的疑虑和不满，影响政府行为。二是利用在地方基层竞选中的胜利，推行本党政策，参与影响国家的政治生活。三是通过操纵社会舆论和社会团体，影响国家决策方向和政府行为。

多党制中执政联盟内的小党，被称为参与执政的党，主要存在于欧洲的法国、德国、意大利等国。其特点是，参与执政但在联合执政中不起主导作用，主要是在组阁中根据本党的实力和作用获得相应的政府领导职位。由于退出参与执政将导致执政联盟解体，带来政治危机，参与执政的党对主导执政党也具有不同程度的影响。

中国新型政党制度中，中国共产党是执政党。这个执政党是广义的，与中国共产党在国家政权中的领导地位紧密结合在一起，是领导与执政的有机统一。在中国，党政军民学，东西南北中，中国共产党是领导一切的，是最高政治领导力量。中国共产党作为执政党对国家政权的领导是全面的，而不是局部的，在国家政权和政治机关，包括人大、政府、法院、检察院等，中国社会各阶级、各党派、各民族、各人民团体以及社会组织，中国政治、经济、文化、社会等各个方面，从中央到地方和基层，都接受中国共产党领导。中国共产党对国家政权的执掌，既在政治原则、政治方向和重大方针政策上实施领导，又依法向国家政权机关推荐领导干部，担任政府和司法监察机关领导职务，并经过法定程序，把中国共产党有关国家和社会事务的政治主张、大政方针、战略部署变成国家意志，通过国家政权来推动和实施。

在国家政权中，民主党派既不是在野党（反对党），也不是执政党或参与执政的党，而是参政党。参政的基本点是："参加国家政权，参与国家大政方针和国家领导人选的协商，参与国家事务的管理，参与国家方针政策、法律法规的制定和执行。"参政党是对民主党派在国家政权中地位作用的重要界定，也是区别于世界各国政党的一个重要特征。参政党这个界定说明，民主党派是政治体制内的政党，是国家政权的参加者，不是在野党；是中国共产党的亲密友党，致力共同事业，不是反对党；是参政而不执政，协商而不决策，稳定而不变动，不同于执政联盟中参与执政的党。它赋予参政党新内涵，在国家政权中扮演着新的角色。

政党在国家政权中的不同角色、地位作用和参与方式，反映了政党与政权的不同关系、政党之间的不同关系和政党制度的不同性质，也影响和决定着政党制度的效能。在长期的政党政治实践中，政党与政权的关系主要形成了三种政治形态：一是一党独霸政权，不存在其他政党对政权的参与和对执政党的制约。这种政党制度体现的是一党专制和独裁，没有民主和监督。无论是民族主义国家的一党制、发展中国家的一党制，还是法西斯的一党专政，都避免不了这个弊端。即使苏联的社会主义一党制，也出现了高度集权、缺乏监督、官僚主义严重、特殊化乃至腐败等弊端。二是两党轮流执政，一党作为执政党在台上执政，一党作为在野党（反对党）对执政党进行监督和制约。由于各政党都是以取得执政权为目的，彼此对立、互相争斗，政治极化，为反对而反对，为搞垮对方不择手段，往往成为政党关系的常态。特别是执政党和在野党（反对党）处于对峙状态，互相掣肘，导致政策缺乏稳定性、连续性，造成行政效率低下。三是联合执政模式，主要存在于多党制中，由竞选中获胜的政党联盟转变而成。各政党以实现自身利益最大化为目的，在政党联盟和执政联盟中既联合又竞争，经常出现摩擦和矛盾，意见分歧不可调解时，往往出现分裂，导致多党制政府垮台，政治动荡、政府不稳、危机频发，成为多党制轮流执政的通病。法国 1946 年至 1958 年第四共和国时期，内阁 12 年中就更换了 20 次，其中最长的 1 年多，最短的只有 2 天。印度尼西亚 1998 年进入多党政治时期后，各政党斗争非常激烈，2001 年造成极度社会混乱达数月之久，并导致了反政党情绪和行为蔓延。

中国新型政党制度中，民主党派不是在野党（反对党），也不是联合执政中参与执政的党，而是参政党。在政党与国家政权的关系上，既不是执政党一党独占，也不是多党竞争，而是中国共产党作为执政党、各民主党派作为参政党共同参加国家政权，是一党执政与多党参政的有机结合，是一种完全不同于一党制、两党制和多党制的崭新的执政和参政方式。在这种新的政党政治参与模式中，中国共产党执政建立在各民主党派和无党派人士等党外人士参政的基础上，而不是把各民主党派和无党派人士等党外人士排除在国家政权机关和政治过程之外，从而扩大了政权的社会基础。在国家最高权力机关人民代表大会中，中国共产党成员和各民主党派成员、无党派人士等作为人民代表，都通过人民选举产生，同其他人大代表一起集体行使国家权力，从而增强了执政和参政的合法性。无论是国家立法机关、行政机关、司法机关，还是中央政府、地方政府，都有中国共产党、各民主党派成员和无党派人士等经过法定程序，担任领导职务，以人民代表或国家公务人员身份履行职责，共同管理国家事务，从而促进和实现了人民当家作主。

中国共产党执政与各民主党派参政的有机结合，体现了政党之间的团结合作，提高了科学决策水平和行政效率，促进了国家政治稳定与社会和谐。在政权运行和政治过程中，中国共产党作为执政党长期执政，不断凝聚、形成和扩大政治共识，避免了政党之间因政治分歧和争夺执政权而互相倾轧；各民主党派作为参政党，实现了政治参与，具有发挥作用的广阔平台。执政党与参政党之间，没有也不会形成执政党与在野党

（反对党）那种竞争、对立和制约关系，形成联合执政中大党与小党为自身利益又联合又斗争的钩心斗角的关系，造成政治内耗，而是同心协力、相辅相成。执政党支持参政党充分发挥自身优势，从不同角度提出意见建议，完善和优化执政党和政府的科学民主决策，对执政党执政和自身建设中出现的问题进行民主监督，在国家政治结构和政治过程中长期稳定地发挥作用；参政党无论是协商议政、提出意见建议，还是民主监督、进行尖锐批评，都是协助和支持执政党更好地执政兴国、执政为民，进一步促进了执政党领导和执政能力、国家治理效能的提高。从而为保持政权和政局的长期持续稳定，国家和社会的更好更快发展，奠定了坚实基础。

中国共产党执政与各民主党派参政的有机结合，建立在对国家公权力深刻认识的基础上。毛泽东在新民主主义革命时期就深刻指出："国事是国家的公事，不是一党一派的私事。因此，共产党员只有同党外人士实行民主合作的义务，而无排斥别人、垄断一切的权利。"他强调"共产党是为民族、为人民谋利益的政党，它本身决无私利可图"，要为"人民谋利益，而不是只为一部分人谋利益"。因此，中国共产党明确提出，国家政权的性质是工人阶级、农民阶级、城市小资产阶级、民族资产阶级各革命阶级的联合专政，以联合政府作为党的政治纲领；公开申明："我们只破坏买办大资产阶级和大地主阶级的专政，并不代之以共产党的一党专政。"在根据地政权建设中，"各党各派及无党无派人士均能参加边区民意机关之活动与边区行政之管理”。“在各级人民代表会议中，必须使一切民主阶层，包括工人、农民、独立劳动者、自由职业者、知识分子、民族工商业者以及开明绅士，尽可能地都有他们的代表参加进去。”新中国成立前夕，毛泽东在《论人民民主专政》中明确指出，人民民主专政的基础是工人阶级、农民阶级和城市小资产阶级的联盟，强调：“民主党派是联系小资产阶级、资产阶级的，政权中要有他们的代表才行。”因此，各民主党派和无党派人士始终没有被排除在国家政权之外，而是国家政权的重要构成，各民主党派参政成为中国多党合作的一项重要制度安排。

中国共产党执政与各民主党派参政的有机结合，是由中国的政治体制决定的。中国国家政权建立在民主集中制基础上，实行人民代表大会制度，不搞权力分立，作为“三个代表”和领导中国社会主义建设事业的核心力量的中国共产党就成为执政党，作为中国共产党亲密友党并建立了长期合作关系的各民主党派就成为参政党，执政和参政就成为中国共产党与各民主党派参加国家政权和发挥作用的基本方式，也成为国家政权中政党关系的性质定位。中国共产党与各民主党派在人大、政府和司法机关任职，不是党派竞争中执政党大权独揽的权力分配关系，也不是联合执政的组阁按党派实力对行政职务进行瓜分，而是根据在国家政治生活中的地位作用，按照领导干部选拔标准，通过法定程序，以人民代表或国家公务人员身份担任领导职务。中国共产党和各民主党派在合作共事中，集体运用国家公权力，共同办好国家的公事。因此，在政权运行和政治过程中，中国共产党作为执政党，不同于一党制、两党制和多党制中的执政党对在野党（反对党）等其他政党进行排斥和打压，而是创造条件让各民主党派发挥参政党作用；各民主党派作为参政党，不同于在野党（反对党）对执政党进行制约和反对，而是支持和协助执政党更好执政兴国、执政为民。从而形成了国家政权中一党执政与多党参政的有机结合。这充分体现了中国人民民主专政的国家政权的性质和特点，反映了社会主义民主政治的本质和特色。

在国家政权中，非执政的民主党派不是在野党（反对党），而是参政党；执政党与参政党不是对立竞争，而是协力同心。这种执政党与参政党协同一致的政治参与方式，既区别于西方竞争性政党制度，又对社会主义条件下如何认识、对待和行使国家公权力，确定非执政的民主政党在国家政权中的地位，如何处理执政的共产党与其他民主政党的关系，提供了一个新的思路，探索了一个新的执政和参政模式。

一种新的政党关系

现代政党政治中，有政党就有政党关系，但不同的政党制度具有不同性质的政党关系。从世界各国的政党关系看，大体有三种基本模式：一是一党专制模式，主要是一党制中的执政党独霸政权。允许存在的小党无力与执政党竞争或抗衡，执政党也不屑与其合作，小党只能在执政党专制下依附存在。此外一些国家的一党独大，如新加坡、日本等，虽然有小党参与政权，但实际上仍是一党起决定性作用。这种政党关系的特点是独裁与依附。二是两党竞争模式，主要是两党制中势均力敌的执政党与在野党（反对党）互相竞争、彼此制约。以美国总统制两党制和英国的内阁制两党制为代表，受英美政治传统影响较深的加拿大、澳大利亚、新西兰等国也是这样。这种政党关系的特点是打压与制约。三是多党既竞争又联合模式，主要存在于欧洲的法国、德国、意大利等多党制国家。就其政党联盟而言，联盟内是联合，联盟外是竞争，就政党之间而言，此时政治需要可结成联盟，彼时不需要了则又成为竞争状态，即使在政党联盟内，也是联合中有竞争。这种政党关系的特点是既联合又竞争。中国新型政党制度中，中国共产党与各民主党派是亲密友党，共同致力于中国特色社会主义事业和中华民族伟大复兴，具有风雨同舟、荣辱与共的优良传统，从而形成了完全不同于上述模式的新的政党关系。

中国新型政党制度中，中国共产党与各民主党派的关系是一种合作与和谐关系。这种合作建立在共同的政治基础上，具有共同的政治方向，遵循共同的政治准则，具有国家宪法和政策保障，通过政治协商、参政议政、互相监督，中国共产党与各民主党派始终想在一起、站在一起、干在一起，为实现共同目标而团结奋斗，在坚持和发展中国特色社会主义事业中同心同向同行。这种和谐是中国共产党与各民主党派在合作共事中风雨同舟、肝胆相照、荣辱与共的境界和状态。民主党派和无党派人士不是中国共产党的竞争对手，而是亲密友党和政治同盟；中国共产党执政积极为各民主党派参政创造条件，各民主党派参政积极协助执政党更好兴国为民，是中国共产党的好参谋、好助手、好同事；执政党和参政党的互相监督不是彼此倾轧、互相制约，而是作为挚友和诤友提出不同意见和批评，以完善政策决策，避免和减少失误。特别是面临艰难险阻和严峻挑战时，中国共产党与各民主党派团结一致、坚定不移，攻坚克难、化危为机。在合作和谐关系中，合作是和谐的基础，和谐是合作的升华，两者相辅相成、互相促进，构成了政党关系的鲜明特色。这是中国新型政党制度的本质属性和内在要求，也是合作性政党关系的独特优势。

中国新型政党制度中合作和谐的政党关系，具有稳固的基础。一是政治方向的一致性。在国家政治发展的目标、方向、原则、路径、政策上，能够凝聚和形成政治共识，并随着社会的发展而不断巩固和发展这种共识，为合作和谐的政党关系奠定了坚实基础。二是根本利益的共同性。中国共产党和各民主党派都代表和反映所联系阶级、阶层和群体的利益，但在实现国家富强、人民幸福、民族振兴的根本利益上是完全一致的，在为实现根本利益共同奋斗中，执政党照顾同盟者利益，参政党为实现整体利益发挥优势作用，为合作和谐的政党关系提供了不竭动力。三是党际关系的平等性。中国共产党是一个超大规模的政党，又处于领导和执政地位，但与各民主党派平等相待、协商办事，尊重民主党派的组织独立性，提供发展空间，实行互相监督，为合作和谐的政党关系创造了必要前提。四是基本理念的合理性。在多党合作实践中，坚持和而不同、求同存异，努力保持团结民主、宽松稳定的政治环境，为合作和谐的政党关系确立了实践原则。

这种合作和谐的政党关系，在政党政治和事业发展中具有重要作用。首先，它有利于促进政治稳定。新中国成立以来，政治发展历经曲折，经受了帝国主义威胁封锁、东欧剧变、苏联解体、国际共产主义陷入低潮等严峻考验，社会主义中国始终保持团结稳定的政治局面，没有出现大的政治动荡，与中国共产党与各民主党派合作和谐的政党关系是分不开的。其次，它有利于形成整体合力。中国共产党与各民主党派合作和谐的政党关系，保证了执政党一心一意谋发展，参政党同心协力助发展，执政党与参政党凝聚合力攻坚克难、应对挑战，使集中力量办大事、办成事的优势得到充分展现。再次，它有利于实现社会团结。中国共产党与各民主党派都联系着相应的阶级、阶层和群体，政党关系的和谐必然增强社会的团结，政党之间的争斗必然导致社会撕裂，正是在合作和谐的政党关系中，国家改革发展能够有效协调利益关系，及时消除矛盾隔阂，保持了社会安定团结。最后，它有利于各个政党的作用发挥。在合作和谐的政党关系中，各个民主党派都能展现自身特色优势，在促进国家改革发展、改善人民生活中发挥作用、体现价值。台盟虽然组织规模小、成员数量少，但是在多党合作中，根据自身特点，准确把握参政党的定位、角度和切入点，秉持“专、精、深、久”的方针，既维护台胞利益，发挥台胞作用，又集中全盟智慧，恪尽兴国之责，在参政议政、民主监督中提出了许多很有价值的意见建议，为建设社会主义现代化国家、促进两岸关系和平发展作出了应有的贡献。

在世界各国政党制度中，政党合作并非中国一家独有、一花独放，除了一党制一党独霸，基本上不存在政党合作问题外，其他政党制度中也不同程度地存在某种合作关系。两党制和多党制的政党关系虽然以竞争为显著特征，但并不完全排斥合作，也不是没有合作，在涉及共同理念价值、国家根本利益和自身利益时，也会采取合作的方式，有时还会形成高度一致，从而呈现出一种竞争中的合作关系。它既包括一些政党联合起来同另外一些政党或政治力量相抗衡，以获取对国家事务更大的控制权和影响力；也包括国家在遭到外部威胁或侵略时，各政党采取一致对外的合作关系；还包括在涉及国家根本制度、共同利益等问题上自动形成的默契和配合等。但这种竞争中的合作关系，与中国新型政党制度建立在致力共同事业坚实基础上的合作和谐关系，在性质和特点上都具有很大不同。

美国两党制中，民主党与共和党围绕总统宝座激烈争斗，在国家治理的具体法律和政策上互相制约，在涉及自身利益的问题上各不相让，但两大党都维护资本主义制度，坚持私有财产不可侵犯原则，固守以个人主义为核心的价值观念和人权观念。在野党对执政党并非一味充当反对党角色，在国会中完全起“破坏性作用”，在特定情况下也会与总统配合，支持其立法建议。美国总统还与两院议长、两院两党领袖举行联席会议，就解决某些国内外重大事务进行磋商。这种竞争中的合作，本质上是竞争，必要时有合作；竞争是频繁的激烈的，合作是暂时的隐性的。而竞争是以自身利益最大化为核心的，即使在基本制度、根本利益、政治方向、价值理念上保持一致，但在具体的实现路径、法律政策、问题处理上，特别是涉及政党切身利益时，合作就会被竞争所代替，并不可避免地带来不同程度的破坏性或负面影响。如美国总统奥巴马上台后，2010年完成《患者保护与平价医疗法案》，旨在将遭受金融危机裹挟的中下层群体从人生危机的边缘拉回到正常轨道上来，但却受到在野的控制众议院的共和党的坚决反对和阻挠，直到2016年底奥巴马下台，这个医改方案仍未在国会通过实施，美国政府也一度被迫关门歇业，被国际社会降低社会信用等级。

在法国、德国、意大利等欧洲国家的多党制中，还具有政党联盟的合作形式。为了在竞选中获胜，对国家事务拥有更大的控制权和影响力，一些大党与小党联合起来，在选举、议会和执政中结成政党联盟，同另外一些政党或政治力量相抗衡。这种政党联盟的主要特点是：它是多党竞争的产物，是竞争中的政党联合；在联盟内部的政党是联合，与外部政党是竞争；政党之间在这次竞选中是联盟，在下次就可能成为竞争对手；这种政党联盟取决于现实政治利益的需要，政党在参加政党联盟中出现政治分歧，或未达到政治预期，或认为不利于本党利益时，便会毫不犹豫地与合作的政党分道扬镳。因此，这种合作没有长远的共同事业，只有暂时的共同利益，有利就联合，无利则分手，联合中相互钩心斗角、不断聚合离散是政党关系常态。这种具有实用性的合作，只是竞争的一种手段、一种暂时的政治妥协，并没有改变和消除政党间的对立，并导致了政府频繁更替。

中国新型政党制度中，合作作为和谐政党关系的基石，体现了中国特色社会主义政党制度的特质，在内容和形式上是一致的。它不是竞争的产物和形式，不以政党自身利益最大化为核心，也不是实用主义的权宜之计，而是中国共产党的基本战略方针，是致力共同事业的内在要求，是长期的、稳定的、有保障的，从而奠定了和谐政党关系的牢固基础。包容是合作和谐政党关系的重要理念和原则。执政党海纳百川，从善如流，听得进逆耳之言，容得下尖锐批评，鼓励参政党提出不同意见，只要是为了把国家的事情办好，话说错了也不要紧，从而营造了合作和谐政党关系的良好氛围。建设是合作和谐政党关系中履行职能的内在要求。各民主党派在参政议政和民主监督中，无论是赞成支持，还是提出不同意见，进行尖锐批评，都是建设性的，都有利于科学决策、完善政策和减少失误与风险，从而成为维系合作和谐政党关系、更好发挥参政党作用的一个重要价值准则。参与是合作和谐政党关系的重要保障。中国共产党支持各民主党派和无党派人士参加国家政权，在人大、政府、司法机关和政治机构中担任领导职务，并保持一定的比例，从而使合作和谐政党关系建立在扩大有序政治参与、充分体现参政党价值的政治过程之中。因此，这种合作和谐的政党关系是中国新型政党制度的鲜明特色，也是在政党关系上的新的探索和创造，是竞争中的合作所无法比拟的。

中国共产党与各民主党派合作和谐的政党关系中，并不是没有矛盾和分歧，也不是不讲原则的一团和气，更不是自然而然地形成各方面的一致，而是在合作共事中坚持“团结—批评—团结”的方针，及时有效地化解影响政党关系和谐的因素。

在社会发展和国家治理中，中国共产党与各民主党派在政治发展、路径方法、战略策略、政策举措等问题上不时会出现不同认识。这在多党合作中是客观存在、不可避免的。对此，既不能放任自流，任其蔓延发展，导致政治分歧，影响合作和谐的政治基础，也不能简单粗暴，强迫命令，更不能残酷斗争、无情打击，破坏合作和谐的政治环境，而是坚持从团结的愿望出发，通过批评和自我批评解决不正确的思想认识，从而在新的基础上实现新的团结。在中国土地制度改革中，有的民主党派成员不同意斗地主、分田地的做法，甚至认为“江南无封建”。中国共产党对此不是批判斗争，而是在《共同纲领》基础上统一思想，组织民主党派成员参观和参加土地制度改革，让他们在亲身感受到农民无地的艰辛和分田后的喜悦后转变思想认识，并对土地制度改革工作的缺点提出批评意见，从而形成合力，保证了土地制度改革顺利完成。

鼓励民主党派自我学习、自我教育、自我完善和自我提高。在中国由新民主主义向社会主义转变的过程中，由于各民主党派的阶级基础是城市小资产阶级和民族资产阶级，而资产阶级则是社会主义革命的对象，过去长期依附于地主、资产阶级的知识分子，则要为工农大众服务，从而使民主党派成员中出现了不少非社会主义的思想认识。对此，中国共产党在团结各民主党派一道走向社会主义中，在进行思想政治引导的同时，鼓励它们加强自身学习，普遍建立学习制度。在自愿基础上学习马克思主义和毛泽东思想，学习唯物主义和辩证法，自觉改造世界观，进行自我教育和提高。在解决自身存在的问题时，支持民主党派采用“神仙会”的做法，实行“三不”和“三自”的方针，即不抓辫子、不扣帽子、不打棍子，自己提出问题、自己分析问题、自己解决问题，在和风细雨的批评和自我批评中提高思想认识，增进政治共识。这不仅使各民主党派顺利过了社会主义这一关，自我教育、自我提高也成为各民主党派的优良传统。

针对政党关系中出现的问题，及时调整政策，勇于纠正错误，积极改善关系。1957 年后，中国共产党反右派斗争严重扩大化，造成与各民主党派关系紧张。中共中央统战部确定了“贯彻政策，调整关系，调动服务，继续改造”的方针，缓和与各民主党派的关系。毛泽东邀请民主党派和无党派人士等座谈，肯定知识分子大有进步，民主党派大有进步。在中共中央开展反右倾斗争和整风运动时，明确提出不在民主党派和知识分子中开展，并采取措施纠正某些“左”的错误。从 1959 年到

1964年，分5批摘掉包括一批著名民主党派人士和党外知识分子在内的近30万人的“右派分子”帽子。同时加强合作共事，认真实行互相监督，对多党合作中不注意倾听民主党派意见、不善于同民主党派商量办事、把持包办民主党派工作、忽视它们合法权益等问题，切实加以纠正和改进，多党合作又出现了团结、振奋、活跃的局面。“文化大革命”中，各民主党派受到严重冲击，造成了一批冤假错案。改革开放后，中国共产党拨乱反正，认真纠正“左”的错误，积极给民主党派落实政策，彻底平反冤假错案，特别是纠正了把民主党派当作资产阶级政党的错误观点，明确民主党派是一部分社会主义劳动者和爱国者的政党，协助民主党派恢复活动，支持它们稳步发展成员和健全各级领导班子，积极为其“知情出力”创造条件，开创了新的历史时期多党合作蓬勃发展的新局面。

中国共产党与各民主党派合作和谐的政党关系，虽然主要存在于合作性的政党制度中，但政党关系和谐则是世界政党政治中一个普遍需要解决的问题。在推进构建人类命运共同体的过程中，国际政党之间的交流合作也会不断增多，在应对世界共同性的问题中，建立和保持合作和谐的政党关系更加重要。对此，中国新型政党制度中合作和谐的政党关系，无疑具有借鉴和参考的意义。

一种新的民主实现形式

民主作为专制的对立物，是人类社会的普遍价值和不懈追求。政党制度既是民主政治的产物，也是现代社会民主政治的重要体现。西方国家建立在代议制基础上的两党制和多党制，以议会为主要活动场所，以选举投票为核心内容，以竞选为显著特征，被称为选举民主。中国新型政党制度作为人民民主的实现形式，建立在人民民主专政的基础上，与人民代表大会制度和中国人民政治协商会议紧密联系，既有选举投票，又有政治协商。这种协商自成制度体系，属于协商民主，与选举投票有机结合在一起，从而形成了一种新的民主实现形式。

选举是现代民主制度的核心，是民主实现的重要条件和基本形式。熊彼特指出，民主方法是为了达到政治决定的一种制度上的安排，在这种安排中，某些人通过竞取人民选票而得到作出决定的权力[①]。亨廷顿进一步认为，判断一个国家的政治制度是否民主的唯一标准，就是看那里是否“公正、诚实、周期性”，以及竞争性地通过全民选举而产生重要的政治领导人。两党制、多党制所体现和实现的民主，就是通过总统选举和议会选举等投票选举实现的。

选举投票是一种重要的政治参与和民主形式，但并不是人民政治参与和实现民主的全部和唯一。在两党制和多党制中，人民的政治参与和民主的实现，主要体现在几年一次的周期性投票上，而选举投票后的政治运作，则是选举获胜的执政党及政治精英的事。这样的选举民主，难以代表和反映最广大人民

① 熊彼特．资本主义、社会主义和民主主义．北京：商务印书馆，1979：337.

群众的意愿，也难以体现和实现最广大人民群众管理国家的权利。正如习近平总书记指出的："人民只有投票的权利而没有广泛参与的权利，人民只有在投票时被唤醒、投票后就进入休眠期，这样的民主是形式主义的。"

由于选举民主在实践中出现的缺陷和弊端，二战后西方民主国家的选民投票率大幅下滑，出现了严重的"选举冷漠"现象。英国的选民投票率由20世纪50年代的80%下降到21世纪初的不到60%；美国的选民投票率则一直在60%以下徘徊，过去26届美国总统选举的选民投票率平均仅为48%[①]。特别是现代民主制度安排中代表人民主权的国会，逐渐沦为多数党控制或驯服的工具，从而形成了国会为政党所把持，而政党又被领袖或少数精英政治家所操纵的局面，民主在很大程度上被虚化，背离了人民主权的基本价值。

为寻找一种更理想的、能够体现社会公众直接参与的、对国家的公共权力活动有政治批判功能的民主形式，20世纪80年代，美国学者毕塞特首次提出协商民主概念，到20世纪90年代后，协商民主日渐成为西方民主理论研究的主导议题。所谓协商民主，其基本含义是指公民通过自由、平等的公共协商参与决策，目的是通过强调公民对于公共利益的责任、通过共识形成决策的过程，以求矫正西方民主社会重视自由却使平等

① 宋雄伟．透视西方国家"选举冷漠"现象．学习时报，2012－04－09.

受到忽视的现实[①]。但到目前为止，西方的协商民主还是一种理论探讨，尚未在国家政党制度和政治制度层面进行全面实践。

在民主实现形式上，中国新型政党制度既不是西方式的选举民主，也不同于西方学者探讨的协商民主，而是体现和实现中国式协商民主与选举民主有机结合的全过程人民民主。中国是人民民主专政的社会主义国家，政权的组织形式是人民代表大会。人民代表大会制度是中国人民当家作主的重要途径和最高实现形式，是选举民主的集中体现。人民代表大会制度坚持国家一切权力属于人民，坚持人民主体地位，支持和保证人民通过人民代表大会行使国家权力；各级人民代表大会由民主选举产生，对人民负责、受人民监督，各级国家行政机关、审判机关、检察机关都由人民代表大会产生，对人大负责、受人大监督。通过健全民主制度，丰富民主形式，拓宽民主渠道，从各层次各领域扩大人民有序政治参与。人民代表大会制度坚持依法治国，维护宪法法律权威，依照人民代表大会及其常委会制定的法律法规来展开和推进国家各项事业和各项工作，保证人民平等参与、平等发展权利，维护社会公平正义，尊重和保障人权，实现国家各项工作法治化。中国共产党领导，就是支持和保证人民实现当家作主。通过人民代表大会制度，保证党

---

① 登特里维斯．作为公共协商的民主：新的视角．北京：中央编译出版社，2006：19－20.

的路线方针政策和决策部署在国家工作中得到全面贯彻和有效执行。正如习近平总书记指出的："人民代表大会制度是坚持党的领导、人民当家作主、依法治国有机统一的根本制度安排。"

协商民主是中国社会主义民主政治的特有形式和独特优势，是中国共产党的群众路线在政治领域的重要体现。实行人民当家作主，不仅要求按照人民意志选出国家领导人，还要求治国理政时在人民内部进行广泛商量。在中国社会主义制度下，有事多商量，遇事多商量，做事多商量，众人的事由众人商量，找到全社会意愿和要求的最大公约数，是人民民主的真谛。在错综复杂的国际国内形势下，面对各种发展机遇和严峻挑战，面对国计民生的重大问题，面对各种各样的人民内部矛盾，执政党与参政党、政府与社会、人民政协的各界人士，通过多种方式提出意见和建议，进行沟通交流、协商讨论，既是在人民内部发扬民主、集思广益、统一思想、凝聚共识的过程，又是科学决策、民主决策，实现人民当家作主的过程。而推进协商民主广泛深入开展的，就是与中国新型政党制度紧密结合在一起的政党协商、人大协商、政府协商、政协协商、人民团体协商、基层协商和社会组织协商。

中国新型政党制度作为协商民主的重要体现，与人民代表大会制度的选举民主的有机结合，形成了实现中国社会主义民主的两种重要形式，体现人民当家作主的两条重要渠道。人民代表大会制度，主要通过选举和投票行使国家权力，使国家领导人选的确定、立法和决议真正体现广大人民的意志；新型政党制度通过政党协商、政协协商和参与人大、政府、人民团体、基层和社会组织协商，发挥民主党派参政议政作用，扩大有序政治参与，使领导人选、法律和政策制定更加充分地体现社会各方面成员的愿望和智慧。人民政协作为多党合作的重要机构，与人民代表大会制度的有机衔接，形成了中国独有的“两会”方式。从1978年开始，每年的全国人民代表大会与中国人民政治协商会议相继召开，包括各民主党派和无党派人士在内的全国政协委员，列席全国人大的相关大会，与全国人大代表一并听取政府工作报告、最高人民法院和最高人民检察院的工作报告等，并提出意见建议。选举民主与协商民主的有机结合，推动社会主义民主政治不断向深度和广度拓展，促进和实现了人民的选举权与政治生活持续参与权的有机统一，使人民当家作主的民主本质在中国全过程人民民主中更加真实和切实地体现出来。

人民民主的内涵虽然十分丰富，但其本意和实质始终是人民的统治，由人民当家作主。国家领导人选的确定，治国理政的政策法律，涉及人民根本利益的重要决策，都要体现绝大多数人民的意愿。这种意愿的实现，需要相应制度和机制提供保障，否则，就会变形走样，甚至落空。中国新型政党制度作为实现中国社会主义民主、体现人民当家作主的两种重要形式和重要渠道之一，就是体现和实现全过程人民民主、实现人民意愿的制度化机制。

扩大了参加政权的广泛性，为实现人民意愿创造了基本前提。政治参与是民主的前提，没有人民的参与，就不可能有人民的民主。一党制、两党制和多党制中，参加国家政权的主要是执政党（或执政联盟），在野党（反对党）不能执掌国家政权，只能在议会中对执政党进行牵制和制约，其意愿也难以在国家施政方略中得到体现和实现。中国新型政党制度中，执政的中国共产党和参政的各民主党派、无党派人士等都参加国家政权，在各级国家权力机关和立法机关、行政机关、司法监察机关等担任领导职务，直接行使国家权力，参政党等党外人士在各级人大的代表、各级人大常委会、专门委员会、领导机构中都占有一定比例，从而使更多的人民代表实现了政治参与，国家政权的构成更具有广泛性和人民性。

实现了政治参与的全程性，为实现人民意愿提供了必要条件。民主作为人民意愿的集中体现，不是一次性产品，而是贯穿于治国理政全过程，在国计民生的重大问题上经常性体现。两党制和多党制中，人民的政治参与和意愿表达主要体现在几年一次的周期性投票上，投票后的政治运作包括法律政策制定、重大问题的决定等则与选民无关，对作为选民的人民而言，实际上是“一次性民主”。选民表达不满的方式只能是街头政治或下一次投票选择。中国新型政党制度既是有序政治参与的平台，也是科学民主决策的机制，执政党与参政党协商议政、共商国是，已经形成制度规范，决策于协商之前和执行过程中，已经成为协商议政的重要原则。作为参政党的各民主党派和无党派人士，通过调研考察、专项监督等，在政党协商、政协协商中提出意见建议，使民主党派成员、无党派人士及所联系的社会各界成员，在投票选举后得以继续进行实际的政治参与，促进和实现了人民的选举权与政治生活持续参与权的有机统一，人民民主成为名副其实的全程民主。

展示了民主监督的建设性，为实现人民意愿确立了价值准则。监督是一把“双刃剑”，既可以纠偏防错，也可以导致政治内耗。作为人民意愿的体现，监督既要有真实性，还要具备有益性，即有利于国家的兴旺发达和人民根本利益的实现。因此，建设性是民主监督必须恪守的重要价值。在两党制和多党制中，在野党（反对党）对执政党的监督虽然能够有力地制约公权力的滥用，但出于把对方搞下去和实现自身利益最大化的目标，监督往往变成对执政党的恶意攻击、无差别地限制约束，无是非地为反对而反对，成为执政党与在野党（反对党）的零和甚至负和博弈。中国新型政党制度中，民主党派对中国共产党的监督，无论是提出不同意见，还是进行尖锐批评，都不是反对、打压和搞垮执政党，而是作为参政党帮助执政党避免错误、减少失误、完善和优化决策，更好地执政兴国、执政为民。它既体现了对执政党使用公权力的支持和制约，又体现了与执政党在推进共同事业上的合作与和谐，改变了监督权就是制约、限制、反对的单一作用，展示了更多的建设性和正能量。

增强了民主实践的有效性，为实现人民意愿减少了政治成本。人民意愿在国家政治生活中的实现是有成本的，不同政治制度、政党制度的实现程度是有差别的。两党制和多党制建立在权力分割、互相制衡的基础上，烦琐程序和彼此制约在防止权力滥用、执政党独裁专断上具有积极作用，但始终难以克服为反对而反对导致的议而难决、决而难行，难以集中、效率低下等弊端，基本上是一种低效民主。《华盛顿邮报》评论员威尔感叹："在圣迭戈造一座海水淡化厂都需要花 9 年时间才能通过审批。"澳大利亚讨论修建高铁，一拖就是几十年。中国新型政党制度贯彻民主集中制原则，在集中指导下发扬民主，在民主基础上进行集中。政党协商和政协协商中，在维护共同政治目标、政治原则和政治方向基础上，鼓励支持各民主党派和无党派人士积极发表意见建议，勇于提出不同意见；中国共产党求同存异、体谅包容，充分吸纳合理意见，虚心接受批评意见，以实现科学民主决策。由于执政党与参政党的协商议政主要是凝聚共识，不是直接决策，民主党派的意见建议主要是为执政党和政府科学决策提供参考，其有益成分能够得到重视和吸纳，不具备实践条件的意见建议也不会对决策行政造成实际影响，从而提高了科学民主决策的效率。这保证了执政党在治国理政中，能够集中力量办大事，及时决策办成事，使人民权力真正能够为人民谋福利。

中国选举民主与协商民主有机结合的新的民主形式说明：选举并不是实现民主的唯一方式，通过选举以外的制度和方式让人民参与国家和社会事务的管理是十分重要的；民主的实现不仅是周期性的一次投票，而是一个人民群众持续参与国家和社会政治生活的过程。中国新型政党制度体现和实现了选举民主与协商民主的有机结合，比单一的选举民主和体现这一民主形式的竞争性政党制度更具有优越性和生命力，是实现人民民主的一种新的形式和制度机制。

一种新的现代治理方式

治理是国家统治的基本任务和内容。现代社会是政党政治，政权主要是由政党执掌和运作，政党执政的过程就是对国家治理的过程。政党制度是一个国家政治制度的核心，执政党以什么方式执政，与其他政党的关系如何，执政的政治生态怎样，都取决于一定的政党制度。特别是政党制度作为政党在国家政权和政治发展中的地位作用及相互关系的规范，其性质、特点、功能和制度化水平，直接影响着国家治理体系现代化的构建、治理能力的高低和治理成效的优劣。这就决定了政党是国家治理的重要主体，政党制度是国家治理体系的重要制度保障，不同的政党制度具有不同的治理机制、治理方式和治理效能。

在实行一党制的国家，国家治理是执政党一党治国理政，由于缺乏合作、竞争和监督，独断专行、无所顾忌、高压手段等往往成为治理的基本特点，很难避免决策和实践失误，难以进行长期、稳定和有效治理。在实行多党竞争的两党制、多党制的国家，执政党领袖担任政府首脑，成为国家治理的直接主体和重要推动力量，在野党（反对党）在议会内外发挥制约作用，对国家治理产生直接或间接影响。虽然执政党与在野党在根本利益上具有一致性，在涉及基本制度、外部侵略和共同利益等问题上能够实现某种程度的合作，但建立在实现自身利益最大化基础上的竞争，仍然导致二者在治理的路径、政策、方式等各种具体问题上的分歧和制约，特别是在野党（反对党）为搞垮执政党，不论是非，但求己利，为反对而反对，导致国家治理效率低下，甚至出现政治动荡。中国新型政党制度既根本不同于一党制的独裁专制，也不同于两党制、多党制的彼此竞争、互相牵制，而是以政治共识为牢固基础，以合作协商为鲜明特色，以制度化参与为重要保障，形成了国家治理与新型政党制度之间的良性互动：国家治理的推进不断为多党合作提出任务要求，治国理政的重点就是多党合作的着力重点；多党合作的功能作用是为国家治理提供动力和智力支持，促进治理目标和任务的实现。一种新的政党政治的治理方式就在现代国家治理中探索和形成了。

凝聚政党合力的共同治理。国家治理中，存在许多由生活条件、利益诉求、思想观念、价值取向等构成的互相交错的多向力量。如何从这些不同的力量中找到最大公约数，凝结成一种推动历史前进的总的合力，是进行国家治理的根本要求。中国新型政党制度为形成这种历史合力提供了制度化机制。在多党合作中，中国共产党处于领导和执政地位，各民主党派作为中国共产党的亲密友党，是参政党。中国共产党与各民主党派共同致力于中国特色社会主义和中华民族伟大复兴的共同事业，并在多党合作中建立了协商、参与、监督的运行机制，从而具有强大的政治凝聚和社会整合功能，形成了国家治理的强大合力。

凝聚“同心力量”。中国的多党合作是在共同政治基础上的合作，各民主党派与中国共产党具有共同政治目标，作用于同一个社会发展方向，形成了共同的价值取向，因而能够在国家治理的重要目标、基本任务和政策举措上凝聚政治共识，形成强大合力。多党合作以来，民主党派与中国共产党始终风雨同舟、齐心协力：从共同筹备召开中国人民政治协商会议、协商建立新中国，到协力制定宪法、建立人民代表大会制度；从对资本主义工商业进行社会主义改造、建立社会主义制度，到进行改革开放、探索和建设中国特色社会主义；从建立和发展社会主义市场经济，到促进国家治理体系和治理能力现代化；从全面建成小康社会，全面发展协商民主，发展全过程人民民主，到全面建设社会主义现代化国家，实现中华民族伟大复兴。

汇聚“同行力量”。无论是新民主主义革命时期，中国共产党与各民主党派作为相应阶级的政治代表，还是在社会主义条件下，中国共产党作为“中国工人阶级的先锋队，同时是中国人民和中华民族的先锋队”，民主党派作为“一部分社会主义劳动者、社会主义事业建设者和拥护社会主义爱国者”，它们都具有深厚的社会基础，联系和代表着相应阶级、阶层的人民群众。通过多党合作，能够最大限度地凝聚社会各方面成员的意愿，在推动社会经济发展、促进社会团结和谐、维护国家安全统一上协同一致、共同奋斗，成为国家治理中攻坚克难的强大力量。

形成“助推力量”。在多党合作中，民主党派不是在野党，更不是反对党，而是与中国共产党合作的亲密友党和参政党，因而在推进国家经济、政治、文化、社会和生态建设中，在处理解决各种复杂的社会矛盾中，其不是反对而是合作，不是阻力而是助力，不是拆台而是补台，成为执政党治国理政的辅助推动力量。特别是在事关国计民生的重大事项中，各民主党派和无党派人士既积极支持、贯彻落实执政党的决策和部署，又发挥人才智力优势提出意见建议，并协助执政党攻坚克难，保证了执政党集中力量办大事、同心协力办成事。

优化政策决策的科学治理。国家治理是一项十分浩大复杂的系统工程，包括经济、政治、社会、文化、环境治理等各个方面，又受历史发展、政治因素、经济基础、文化传统、认识水平、能力局限、利益影响、国际环境等多方面制约，必须进行科学决策。尤其是在对外开放、社会多样性发展的条件下，改革进入攻坚期和深水区，要卓有成效地进行国家治理，防止出现全局性、颠覆性的错误，科学决策尤为重要。科学决策的主体是执政党和政府。执政党作为国家治理的领导核心，总揽全局、协调各方，能否科学决策直接关系治理的成败。政府作为国家治理的行政中枢，能否科学决策直接关系治理的成效。中国新型政党制度在促进科学民主决策中具有特殊的功能作用，多党合作的政党协商和政协协商，既是政党合作的一个基本方式，也是科学民主决策的一个重要环节。各民主党派和无党派人士履行职能、协商议政，最重要的价值取向就是完善优化政策决策。特别是民主党派作为参政党的协商议政，既能从协商、参与的角度扩展国家治理能力的外延，又能从建言、监督的角度提升国家治理能力的内涵。

协商议政具有直接性。无论是执政党就有关政策决策征求民主党派、无党派人士的意见，还是各民主党派就国计民生的重大问题建言献策，都是面对面、直通车，没有中间环节，从而使相关意见建议直达决策机关，迅速作出回应。民主党派中央可以以调研报告、建议等形式直接向中共中央提出意见和建议。民主党派中央负责人可以以个人名义向中共中央和国务院直接反映情况、提出建议。党和政府有关部门对民主党派的意见建议及时研究、积极采纳，对完善和优化执政党和政府决策发挥了积极作用。

协商议政具有规范性。民主党派与中国共产党的政党协商，已经纳入党和政府的决策程序，贯穿于决策制定和执行的全过程。由中共中央主要负责同志主持召开，就党和国家重要方针政策、事关全局的重大问题进行协商，一般每年 4 至 5 次。调研协商座谈会，由中共中央负责同志主持召开，主要就民主党派中央的重点考察调研成果及建议进行协商，邀请有关部门参加，一般每年 2 次。民主党派、无党派人士既可以定期地在政协的各种会议中进行发言，提出提案，对执政党和政府的决策进行丰富和完善，也可以经常性地通过民主监督对决策及执行中的问题进行校准和纠正，推进治理决策的顺利实施。

协商议政具有组织性。多党合作中的政党协商，是高度组织化的政治行为，也是建立在民主集中制基础上的集思广益。特别是各民主党派的议政建言，建立在组织各级党派组织和成员深入调研的基础上，在政党协商中，能够全面反映社会各方面成员的愿望和诉求，能够集中参政党的集体智慧，从而使国家治理决策具有更多的科学含量，符合广大人民群众的意愿和要求。

扩大政治参与的民主治理。国家治理的基础在参与。人民群众既是治理的对象，更是治理的主体。没有人民群众的主体参与，没有人民群众的智慧凝聚，没有人民群众的作用发挥，国家治理就不可能真正实现善治和良政。因此，充分发挥人民群众参与治理活动的积极性和主动性，使国家治理多元主体平等参与，民主权利有效行使，人民利益不断实现，就成为建构现代化国家治理体系的一项极为重要的任务，成为国家治理各项任务深入实施、治理目标如期实现的重要保障。中国新型政党制度以其特有的内部结构和运行机制，特别是民主党派参与具有的广泛性、制度性、立体性、深度性，促进社会各方面成员广泛参与、积极作为。

中国 8 个民主党派都联系和代表着特定的社会成员，涵盖了经济、社会、教育、科技、医疗、文化、卫生、出版、法律、非公、留学人员、归国华侨等不同领域的人士；以党外知识分子为主体的无党派人士，更是涵盖了社会成员的方方面面。通过多党合作制度的实际运作，民主党派成员、无党派人士以多种方式参与政治过程，使广大成员及所联系群众的意愿，在反映社情民意、建言献策中得到广泛体现和实现，有助于社会成员治理诉求在我国政治系统中得到广泛表达输送。

各民主党派和无党派人士对国家治理的参与是制度化参与，通过参加我国政治体制中的政党协商、人大协商、政府协商、政协协商等，定期参加每年的各级人民代表大会和政治协商会议，周期性地表达自己的治理意愿。如每年全国政协、全国人大召开，各民主党派都在会上提交提案和议案。2015 年到 2022 年，8 个民主党派以党派中央名义向全国政协提交的提案，每年都在 200 份以上。这些提案、议案，有助于社会成员治理诉求定期在我国政治系统中直接表达输送。

民主党派具有参与的立体性，可以通过参政议政、民主监督、参与政党协商和政协协商，通过与政府部门对口联系、参与政策咨询等不同渠道，通过担任人大代表、政协委员和国家权力机关、行政机关、司法机关领导干部，参与从中央到地方不同层次、不同方面的国家治理，使治理意愿通过多方面参与，在我国政治系统中得到充分表达。至 2021 年，各民主党派和无党派人士等有 12 700 多人在全国地市级以上有关部门担任特约监察员、特约检察员、特约审计员和特约教育督导员，在促进国家治理各项任务的落实中发挥了特殊重要作用。

民主党派作为参政党，可以与中共中央和国务院领导同志当面协商，可以与执政党和政府有关部门直接对话，还可以就国家治理有关重大问题进行专题调研，有重点、有针对性、有深度地反映意见建议。各民主党派中央每年都要根据中共中央的决策部署，选择一个事关全局的重大问题，集中全党的力量进行重点调研或联合调研，提出意见建议报送中共中央和国务院，为完善政策决策、推进工作实践提供参考。这种具有深度性的参与，有助于社会成员的治理意愿和智慧深入系统地向政治系统表达输送，提高治理成效。

各方民主协商的共赢治理。现代社会是多元发展，国家治理是多元共治。单中心权威主体强制形成“一元话语”的集中治理不太管用，传统的命令、强制、压制基本失灵，包容、妥协、共识越来越重要，单靠某个治理主体已经难以承担综合性治理任务，参与主体多元，各方利益兼顾，政党、政府、企业组织、社会组织和公民等多主体之间的互动、形成“多元话语”的共同治理已势在必行。这就要求在国家治理中必须找到社会各方面成员的最大公约数，构建有利于形成基本共识的协同治理机制，进行正和博弈，实现多方共赢。中国新型政党制度具有形成共识的合作机制与有效方式。政党协商既是党际民主的重要体现，也是中国共产党领导和执政的实现方式。特别是政党协商作为我国社会主义协商民主体系的重要组成部分，作为中国共产党提高执政能力的重要途径，能够在工作大局和关键问题上，有效凝聚和形成国家治理重要共识。

统筹全局是共赢治理的基本前提，没有立足全局的综合平衡，就没有治国理政的各方共赢。多党合作中的政党协商，作为执政党与参政党的高层次协商，能够着眼国家改革、建设和发展大局，立足实现人民整体利益和根本利益，在顶层设计、基本方略、重要政策上充分交流讨论，形成重要共识，从战略全局上推进国家治理。新中国成立后，国家治理稳步推进，成效卓著，与执政党同参政党在建立社会主义基本制度、实现国家工业化、改革开放、建设社会主义市场经济体制等根本问题，以及需要解决的相关问题上，宏观把握、总揽全局、统筹兼顾、各得其所是分不开的。

利益的合理调节、调整和分配是共赢治理的关键，在利益矛盾尖锐冲突的社会条件下，良政的国家治理目标是难以实现的。中国共产党作为执政党，能够在维护和实现人民根本利益的基础上，尊重和照顾同盟者的利益；民主党派作为参政党，能够把自身利益与整体利益相结合，在促进实现整体利益中维护和实现自身利益。因而在多党合作中，能够在整体与群体、长远与眼前、全局与局部、集体与个人等利益关系上统筹兼顾、各得其所，实现国家治理中利益的合理调节和分配。在中国由新民主主义社会向社会主义社会转变过程中，民主党派的社会基础民族资产阶级，积极配合执政党和政府的社会主义改造，自身利益服从人民根本利益，使和平赎买在中国变成现实，就是一个范例。

实现正和博弈是共赢治理的内在要求。由于经济基础、政治制度、价值取向、文化传统、社会环境不同，不同社会政治力量的博弈，可以成为互利共赢的正和博弈，也可以成为此消彼长的零和博弈，还可以成为两败俱伤的负和博弈。中国新型政党制度中，以合作、民主、共识为基本理念，以求同存异、体谅包容为基本原则，强调共识而不讲求一律，倡导批评而不扩大分歧，既凝聚多数共识，又尊重少数人的意见，有效避免了偏执和偏激、对立和对抗，既不会导致两败俱伤，又能在维护和实现共同利益基础上实现发展愿望与合理诉求，增强了国家治理中的建设性和正能量。

正是中国新型政党制度的探索和创造，突破了西方和世界其他国家形成的政党制度和政治制度模式，既为中国社会主义建设事业凝聚了共识、智慧和力量，又为人类政党政治和政治文明建设提供了中国方案、中国路径、中国智慧，作出了中国贡献，从而在世界政治发展中独树一帜、独辟新径、独创新制，成为人类政治文明大花园中一枝艳丽的中国花朵。

结　语

经过从历史到现实、从理论到实践、从国内到国际的探寻求索，一个基本的事实和结论是：中国新型政党制度是具有独创性、生命力和优越性的政党制度，在中国革命、建设、改革和新时代的事业中，在中国人民站起来、富起来、强起来的历史进程中，在中华民族实现伟大复兴的中国梦中，发挥了不可替代的制度优势和重要作用，也为人类社会政治文明建设贡献了中国智慧和中国方案，是政党政治的新模式和政治文明的新形态。我们没有任何理由轻视和放弃中国新型政党制度，也没有任何理由崇拜和照搬西方国家政党制度。

中国新型政党制度是一个新生事物，也是一个不断探索和实践的历史过程。不同政党之间如何在致力共同事业中长期共存、合作共事，没有现成的路径可走，没有既定的章法可循，必然有许多前所未有的问题和难题需要破解。中国共产党与各民主党派、无党派人士经过 70 多年多党合作的实践，取得了丰硕成果和重要经验，但也遇到并还将面临许多新情况新问题，有的问题甚至将贯穿于多党合作全过程，这要求中国共产党和各民主党派必须在长期实践中进一步探索总结，攻坚克难，把握规律，推动多党合作事业的可持续发展。

保持中国共产党的先进性，提高领导能力。在中国新型政党制度中，中国共产党居于领导地位，各民主党派接受中国共产党的政治领导，这是中国新型政党制度的本质特征，也是具有光明前途和旺盛活力的根本保证。中国共产党领导建立在具有和保持先进性的基础上，这是领导能力的本源，是居于领导地位的基石，决定着多党合作的政治方向、作用发挥和前途命运。中国共产党的先进性不是与生俱来的，也不是一劳永逸的，它建立在阶级性和人民性的基础上，以科学理论为指导，是在适应时代发展、全面加强自身建设的过程中形成的。在多党合作中，民主党派的智慧也是中国共产党先进性和领导力的重要来源。各民主党派联系和代表着特定的社会阶层和群体，提出的意见、建议和批评，既反映了特定的人民群众的政治愿望和利益诉求，也反映了他们的群体智慧和聪明才智。中国共产党与各民主党派协商议政、互相监督的过程，既是凝聚思想政治共识、实现中国共产党领导的过程，也是科学民主决策、提高中国共产党领导力的过程。如何全面推进党的建设新的伟大工程，始终保持中国共产党的先进性，如何善于汲取民主党派意见建议中的政治智慧，使其成为中国共产党保持先进性、提高领导力的一个重要来源，是坚持、发展和完善中国新型政党制度的基本问题，需要从理论和实践上不断作出探索和努力。

增强民主党派的进步性，发挥主体作用。民主党派作为多党合作的主体，是进步性与广泛性的统一，而进步性是主导。这种进步性，集中体现在与中国共产党通力合作、共同致力建设中国特色社会主义、实现中华民族伟大复兴上。它形成了多党合作的政治基础，是发挥参政党主体作用的力量源泉和内在动力。中国共产党能够与各民主党派长期合作，不断凝聚和形成政治共识，推进共同事业的发展，各民主党派能够联系和代表社会不同阶层和群众，在多党合作中发挥主体作用，都与民主党派的进步性联系在一起。民主党派的进步性是一个不断提高的过程，建立在不断学习科学理论、加强思想政治建设、同中国共产党共同进行社会主义建设事业实践的基础上。民主党派的进步性说到底还是一个世界观改造问题，而世界观的转变是一个根本的转变，需要经历复杂的学习、实践、感悟和升华过程。在长期合作中，社会的进步和变革、形势任务的发展和变化、面临的风险和挑战、成员的变化和更新，都对民主党派的进步性不断提出新的更高要求。如何适应社会发展、复杂环境和成员变化，切实搞好思想政治建设，不断增强民主党派的进步性，始终是推进多党合作、加强自身建设、发挥主体作用必须长期解决的重大课题。

实现政治资源合理配置，体现整体优势。中国新型政党制度的独特优势和价值就在于多党合作，形成推进共同事业的整体合力。多党合作是一个政治组织系统，而政治体系的力量和权威很大程度上依赖于自己所能够掌握和分配的政治资源。中国共产党与各民主党派作为这个政治组织系统的重要构成，要充分发挥功能作用，必须配置与其目标、任务、地位、功能相适应的政治资源。政治资源配置短缺或不合理，多党合作的主体和整体作用就难以充分有效发挥。由于中国共产党是执政党，政治资源配置主要是保障各民主党派生存发展和作用发挥的，集中体现在组织建设、政治参与和功能实现上。中国新型政党制度确立以来，中国共产党通过与各民主党派协商确定组织发展范围和原则，确立参政党地位，明确参政基本点，不断拓展参政议政的内容和方式，明确民主党派在人大、政府、政协、司法监察机关和高校、科研院所、国有企业等的制度参与，促进了参政党功能作用发挥和多党合作整体效能的提高。随着国家的改革和发展，经济社会结构变化，民主党派性质和作用变化，国家治理体系和治理能力现代化，民主党派政治资源配置如何进行适应性调整，使其组织规模、成员构成、政治参与等与中国特色社会主义参政党地位作用相匹配，仍需要在实践中探索总结、深入研究、科学界定、完善政策。就中国新型政党制度而言，本身也是中国改革发展的重要政治资源，如何开发和运用这个资源，把制度优势转化为治理优势，也是坚持、发展和完善中国新型政党制度需要破解的重要课题。

完善议政建言的保障机制，增强制度效能。多党合作是以民主党派存在和发展为前提的，多党合作的制度效能很大程度上取决于民主党派职能作用的发挥。这种职能作用，集中体现在民主党派在协商议政中提出意见建议的效能上。因此，民主党派议政建言的质量，执政党和政府对其合理性的吸纳程度，直接影响和决定着职能履行和作用发挥的水平，也是决定多党合作制度效能的两个变量。多党合作实践中，中国共产党把政治协商纳入决策程序，并为民主党派议政建言建立了知情明政机制、考察调研机制、工作联系机制、协商反馈机制，保障参政党作用得到切实有效的发挥。如何在提高议政建言质量的基础上，进一步健全完善相关工作机制，健全制度法规，使民主党派意见建议中的合理成分能够得到最大限度吸纳，在完善决策、优化政策和实践发展中切实发挥作用，更好体现民主党派参政党价值，提升多党合作的制度效能，还需要在多党合作实践中进一步研究、探索和解决。

我国已经进入中国特色社会主义新时代。多党合作要有新气象，思想共识要有新提高，履职尽责要有新作为，参政党要有新面貌，要引导广大成员增进对中国共产党和中国特色社会主义的政治认同，使新时代多党合作展现出勃勃生机。在新时代，中国共产党和各民主党派的多党合作已经站在一个新的历史起点上。中国共产党作为中国特色社会主义事业的领导核心和执政党，在建设中国特色社会主义和多党合作中全面发挥领导作用，各民主党派作为参政党，是中国特色社会主义事业的亲历者、实践者、维护者、捍卫者，以习近平新时代中国特色社会主义思想为指导，为实现新的百年奋斗目标、实现中华民族伟大复兴中国梦团结奋斗，成为中国共产党与各民主党派、无党派人士的共同的责任和使命。中国共产党和各民主党派、无党派人士将进一步增强合作意识，拓展合作领域，定型合作制度，提升合作境界，不断开创多党合作的新局面。

当今世界，正面临百年未有之大变局。中国共产党领导的多党合作和政治协商制度的新型政党制度，还将在风险挑战中继续探索前行。在习近平新时代中国特色社会主义思想指引下，在中国共产党和各民主党派、无党派人士共同奋斗中，中国新型政党制度这一政治文明的新形态，一定能立足中国国情，适应时代发展，充分汲取人类社会一切有益成果，在新时代新征程上充分发挥特色优势，展现制度效能，在世界政治文明中绽放出更加绚丽夺目的光彩！

图书在版编目（CIP）数据

中国新型政党制度与政治文明新形态/张献生著
. --北京：中国人民大学出版社，2023.6
（“中国共产党与中国之治”丛书）
ISBN 978-7-300-31737-3

Ⅰ.①中… Ⅱ.①张… Ⅲ.①政党-政治制度-研究
-中国 Ⅳ.①D665

中国国家版本馆 CIP 数据核字（2023）第 099525 号

国家出版基金项目
“中国共产党与中国之治”丛书
中国新型政党制度与政治文明新形态
张献生 著
Zhongguo Xinxing Zhengdang Zhidu yu Zhengzhi Wenming Xinxingtai

出版发行	中国人民大学出版社		
社　　址	北京中关村大街 31 号	**邮政编码**	100080
电　　话	010－62511242（总编室）		010－62511770（质管部）
	010－82501766（邮购部）		010－62514148（门市部）
	010－62515195（发行公司）		010－62515275（盗版举报）
网　　址	http://www.crup.com.cn		
经　　销	新华书店		
印　　刷	涿州市星河印刷有限公司		
开　　本	890 mm×1240 mm　1/32	**版　　次**	2023 年 6 月第 1 版
印　　张	8.375 插页 3	**印　　次**	2024 年 9 月第 2 次印刷
字　　数	165 000	**定　　价**	69.00 元